JN409466

바람 되어 가리라

바람 되어 가리라

장기오 수필집

수필과비평사

책을 내며

나는 이순을 앞둔 나이에 수필가로 등단했다.

30여 년간 드라마 연출가로 47편의 드라마를 연출하면서 소재의 반 이상을 문학에서 찾았다. 모든 드라마들이 기발하거나 발칙할 때에도 나의 드라마는 애처로울 정도로 진지하고 문학적이었다. 그러기에 언제나 깨어, 끊임없이 추구하는 성실한 연출자이면서 작가作家이고 싶었다.

글쟁이로서도 그렇다.

공연히 말을 어렵게 꾸미고 뜻을 비틀어 간단하고 명료한 것을 복잡하고 애매하게 하지 않을 것이며, 천박하게 굴지도 않을 것이며, 궁핍하게 살고 있지만 구차스럽게 매명買名하지도 않을 것이며, 생의 아픔을 과장해 동정을 구하지도 않을 것이며, 애써 변명하지도 않을 것이다. 진솔하고 정직하게 쓰려고 노력했고 앞으로도 그럴 것이다. 성실한 작가이고 싶다.

그러함에도 독자들의 듣기 좋은 갈채에 섣불리 미혹되어 그 본질을 잃지 않을 것이며, 냉정하게 그리고 인색하게 받아들여 끊임없이 반성하며 언제까지나 깨어있는 작가이고자 한다.

글은 재미있어야 한다는 원칙을 견지하면서 유머를 잃지 않을 것이며 혹 날카로운 비수가 내 글을, 내 심장을 끊는다 할지라도 나는 그 아픔을 내 글의 디딤돌로 삼겠다. 술잔을 내치지 않을 것이며, 매 또한 피하지 않을 것이다. 구차하게 변명하지도 않을 것이다. 단지 숨어 사는 시골의 한 포의가 대중없이 지껄여대는 말에 지나지 않음을 이해하고 용서 바란다. 늘 반성하며 밤을 지새우며 고민하는 작가가 되리라. 길이 있어 가는 게 아니다. 가면 길이 될 것이라고 믿는다.

방송 관계 책을 포함해 벌써 여덟 번째 책이다. 이만큼 풀어놓았으면 한이 풀릴까? 그러나 한을 다 못 푼다 하더라도 이제는 그 누구도 원망하지는 않을 것이며 힘들게 살아온 어두운 과거에 더 이상 가위 눌리지 않겠다.

석가헌夕佳軒에서

장기오

| 차 례

1부

2부

3부

4부

1
부

그대 바람을 보았는가

영화감독과 한 여배우와의 도피행각과 밀애密愛가 시중의 화제가 된 적이 있었다. 누구나 잘못된 삶을 수정할 권리는 있다. 그러나 그것이 또 다른 피해를 유발한다면 그것은 지탄의 대상이 될 수밖에 없다.

처음에는 사랑해서 만났던 것 같았는데 살다보니 '그게 아니다.'라고 깨달았을 때, 이미 그들에게는 많은 삶의 부채들이 있기 마련이다. 지금까지 살아온 배우자가 그렇고, 자식들이 그렇다. 당사자야 헤어지면 그만이지만 그로 인한 자식들의 삶이 고단할 수밖에 없고, 한때 사랑했던 상대방 역시 힘겨운 삶을 살아야 한다. 사랑은 소중한 것이기도 하지만 다루기 탓이다.

유치하기도 하고 숭고하기도 하다. 또 추하기도 하고 깨끗하기도 하다. 사랑으로 세상을 보는 것을 나쁘다고 할 수는 없지만 그것으로 인해 다른 것을 보지 못하는 것은 문제다. 물론 남녀 간의 문제에는 남들이 이해 못하는 자기들만의 많은 사연들이 있겠지만 한때 사랑했던 사람을 배려하는 따뜻함도 있어야 하며, 그리하여 그것이 설혹 이별離別일지라도 또 다른 아름다움이어야 한다.

나는 그런 일탈을 다룬 영화 중에 압권으로 꼽는 영화가 있다. 〈아메리카의 비극〉을 쓴 시어도어 드라이저(Theore Dreiser)가 1900년에 쓴 그의 최초의 비극적 작품 〈시스터 캐리(Sister Carrie)〉다. 윌리엄 와일러 감독, 로렌스 올리비어 제니퍼 존스 주연으로, 우리나라에서도 〈황혼〉이라는 이름으로 김동원, 조미령 주연의 영화로 만들어졌다. 이 영화의 라스트 신은 그 어떤 영화보다 슬프다.

남자는 장인으로부터 레스토랑의 경영을 위임받지만 표면상으로만 주인일 뿐 탐욕으로 가득 찬 아내의 끝없는 간섭과 경멸, 그리고 오만불손에 넌더리를 내고 있었다. 그러던 어느 날 시골 처녀 하나가 종업원으로 들어오면서 남자는 여자의 순수함에 매료당하고 여자는 남자의 친절에 감동한다. 시작은 그렇게 통속적으로 시작한다. 그렇게 두 사람은 사랑에 빠지고 그들은 곧 도피행각을 벌인다. 그러나 얼마 되지 않아 아내가 고용한 사설탐정에게 잡혀 집에서 가지고 나온 돈을 다 빼앗기고, 여자가 쇼걸, 단역배우 등으로 연명한다. 그러던 어느 날, 출세한 아들이 신문기사에 난 것을 보고, 만나고 싶어 하자, 여자는 다녀오라고 한다. 집 앞까지 간 남자는 차마 용기가 나지 않아 초인종을 누르지 못하고 집 주위를 서성이는데 기르던 개가 주인을 알아보고 꼬리를 흔들며 길길이 뛰며 짖어댄다. 너무 시끄러우니까 하녀가 나와 보는데 너무 남루하고 초라하여 하녀조차도 그를 알아보지 못한다. 개는 옛 주인을 알아보는데 인간은 알아보지 못하는 인간의 무지와 비정함에 관객들은 눈시울을 적신다. 쓸쓸히 뉴욕으로 돌아오니 여자는 쪽지를 남겨놓고 사라지고 없다.

"가족 품으로 돌아가세요. 사랑하는 당신 곁을 떠납니다."

그는 거지가 된다. 수년이 지난 어느 날, 어떤 극장 앞에 붙어 있는 포스터를 뚫어지게 바라보는 한 남자가 있다. 망설이던 거지는 극장으로 다가가 여자를 찾는다.

거지가 된 남자를 보며 여자는 울부짖는다.

"어쩌면 이럴 수가 있어요. 난 당신을 위해 아내와 아들이 있는 가정으로 돌아가시라고 떠난 거예요."

남자가 그런다.

"난 지금 배가 고파 참을 수가 없소."

서로 헤어져 애타게 그리워하며 살아온 남자의 첫마디가 배가 고프다니! 여자는 아! 하는 깊은 탄식과 동시에 뜨거운 눈물이 하염없이 볼을 적신다. 객석 여기저기서 훌쩍거린다.

여자는 울면서 핸드백을 탁자 위에 쏟는다.

"돈은 여기 많아요. 이제 헤어지지 맙시다."

그때 공연 시작하는 벨이 울린다.

"금방 끝내고 올게요. 조금만 기다리세요."

여자가 나가고 남자는 탁자 위에 있는 돈을 본다. 이 장면에서 영화는 모든 소리를 배제하고 사일런트로 처리한다. 한참을 보던 남자는 천천히, 아주 천천히, 고액지폐는 다 남겨두고 빵 한 개 값인 50센트 동전 하나를 집어 들고 쓸쓸히 극장 문을 나선다.

엔딩마크가 뜨고 극장 불이 들왔는데도 관객들을 일어날 줄 모른다. 모럴과 관습을 거스르는 것일지라도 관점에 따라 사랑은 아름다울 수 있다. 양희은이 노래하지 않았던가. “누구나 사는 동안에 한 번은 잊지 못할 사람을 만나고, 잊지 못할 이별도 하지.”라고. 일생에 한 번 찾아오는 사랑, 이런 사랑을 프랑스 사람들은 대문자 A를 쓴다. Amour라고. 살다보면 가끔 삶의 축복 같은 뜻하지 않는 순간들이 찾아온다. 낮게 이는 바람, 그 바람 속에 깊숙이 감추어진 열정의 불씨들이 살아나 몸살을 앓게 한다. 사랑이 아름다운 만큼 이별 또한 아름다워야 한다. 그래야 만남이 아름다워진다. 헤어질 때 가장 좋은 방법은 그냥 돌아서 가는 것이라고 보들레르(Charles Baudelaire)가 말하지 않았던가. 같이 산 세월을 부정하고 비난하며 새로운 삶만을 추구한다면 추하다.

에릭 프롬(Erich Fromn)은 사랑은 기술인가? 아니면 우연한 기회에 경험하는, 말하자면 행운만 있으면 누구나 겪게 되는 즐거움인가? 하고 물으면서 ‘사랑은 바로 알고 배워야만 얻어진다.’고 했다.

불교에서는 부처도 어찌할 수 없는 3가지 업이 있다고 한다. 이미 결정된 업은 끌로도 파내지 못하고, 인연 없는 중생은 제도하지 못하며, 모든 중생을 다 제도하지는 못한다고 했다. 시인 조병화 선생도 나이 70 넘어 살다보니 규범을 깨뜨리는 것이 일순 스폿을 받을 수 있을는지는 몰라도 스스로의 삶을 모독하는 것일 수도 있다고 했다.

세월이 어긋나서, 인연이 닿지 않아 헤어진 사람들이 있다고 하자. 그것이 비로소 사랑이라고 깨달았을 때, 이미 그녀는 어디로 떠났다고 하자. 또 그녀가 다가왔을 때 그는 그녀의 바깥에 있었고, 그가 그녀에게 손짓할 때 그녀 또한 무심히 넘겼다고 하자. 시간이 한참 흐른 후에 후회하고 깨달았다고 한들, 그리하여 그들이 어쩌다 다시 만났다고 할지라도 서로가 서로를 보내고 말았을 것이다. 그걸 우리는 운명이라고 하고 인연이라고도 부른다. 그러나 마음에 담지 말아야 할 사람을 담고 사는 것도 중생들의 슬픈 업보일 것이다. 그것을 아름답게 가꾸는 것은 그들의 몫일 것이고 추하게 비쳐진다면 그것을 일러 우리는 바람이라 부르리라.

그대 바람을 보았는가.

그 겨울의 고독

12월의 마지막 밤이다. 밖에는 바람 불고 눈이 내린다. 눈雪은 사선으로 어지럽게 내리꽂힌다. 처마 밑에 풍경風磬은 연신 울어대고 난로 불火 문을 활짝 열어놓아 앞은 뜨겁지만 등은 오히려 서늘하기만 하다. 난로에서 나무가 탁탁 소리를 내며 타는 것을 보고 있노라면 그다지 쓸쓸하지만은 않다. 찻물 끓는 소리, 장작 타는 소리, 불꽃의 날름거림과 붉고 따뜻한 빛이 주는 푸근함도 위안이다. 그리운 사람이라도 있어 전화라도 했으면 좋을 텐데……. 샤갈의 〈눈 내리는 마을〉에서 기다리고 있노라고, 따뜻한 차 한 잔이라도 같이 마시고 싶다고 말하고 싶어진다. 재주가 얕고 글이 둥글지 못하며 살이生 또한 평탄치 못하여 이름을 세상에 널리 알리지 못하는 등, 그 쓰임새도 적어 늘그막에 한촌閑村에서 서글픔을 달랠지라도 이런 날, 창밖으로 쏟아지는 눈雪을 보고 있노라면 세상일이 다 부질없어 보인다. 젊은 시절 양로원에 취재 나갔을 때 본 어느 할머니의 눈에 낀 삶의 잔해殘骸 같은 슬픈 눈꼽, 손가락을 세며 자식들 면회를 기다리는 하회탈 같은 외로운 늙은이들의 모습, 녹화가 끝난 후, 분장을 지운 휴지만 나뒹구는 허무한 방송국 분장실, 손님 하나 없는 덩그렁 술청에 주인만 홀로 조는 선술집, 오늘따라 왜 그런 것들만 생각날까? "사랑한다는 것은 사랑받느니보다 행복하다"는 시詩로 외로움을 달래본다.

바깥은 천지가 백색이다. 시베리아로 유배 떠난 도스토옙스키의 고행을 생각한다. 겨울은 삶의 유배지로 떠나는 고난의 계절인가? 모든 것이 죽은 듯이 엎드려 있는 그런, 백색 외의 아무것도 없는, 그런 시간은 삶의 비어있는 시간일 것이다. 이육사李陸史는 겨울은 "강철로 된 무지개"라고 했다. 그런 만큼 적막하고 그러하기에 생각도 깊은 계절이다. 창窓은 거친 소리를 내며 흔들리고 두꺼운 성에가 끼는 그 쓸쓸함에 따뜻한 나라를 생각하고 풍요로웠던 한때를 생각하며 혼자 술 마시다 보면 여러 가지 생각이 많아지기도 한다. 소싯少時적에 문학을 한답시고 끄떡거리고 다닐 때, 나는 '깊이 생각하고 무겁게 살자.'는 의미에서 사석思石이라는 호를 스스로 짓고 헛폼을 잡았는데, 40대 후반에 고려대 김충렬 교수에게 한 6개월 가량 노장老莊을 배운 일이 있었다. 강의가 다 끝난 후 수강생 전부에게 휘호를 하나씩 써주면서 호가 없는 사람에게는 호도 지어주었다. 선생께서 나에게 호가 있느냐고 묻기에 호를 댔더니 선생께서 나를 한참 바라보시더니 백지에 일필휘지로 "추강秋江"이라 쓰시더니 이것도 같이 써보라고 하셨다. 그래서 아니 생육신 중의 한 사람인 남효온南孝溫이 이미 쓴 호가 아니냐고 했더니, 누가 썼다고 해서 못 쓰는 것도 아니고 호를 하나만 가져야 한다는 법도 없다면서 추사는 호가 수백 개가 되는데 중요한 것은 얼마큼 그 사람과 맞느냐가 중요하다며 당신에게서 '가을 물처럼 맑은 사람'이라는 인상을 받았다고 했다. 나는 이 호를 지금도 자랑스럽게 쓰고 있다. 서정주 시인은 아직 덜된 사람이란 뜻으로 호를 미당未堂으로 지었다는 데, 이 추운 계절을 홀로 보내는 나는 '추운 인생'이란 뜻으로 한당寒堂이나 '한가한 인생'이라는 뜻으로 한당閑堂으로, 또 다른 호를 하나 더 가져야 할까 보다,

생각하며 씁쓸해 하기도 한다.

쓸쓸함을 이기지 못하고 현의 깊은 울림이 좋은 우울한 비발디의 〈사계〉 중 겨울 악장을 들으며 "인생은 빈 술잔, 주단을 깔지 않는 층계" 운운하다가 그 또한 외로움에 목이 멘다. 또 이런 날은 아무리 할 일이 없어도 손을 비비며 있노라면 고향이 생각나고 도시의 광장을 걸어보고 싶기도 하고 주황빛 불빛이 따뜻해 보이는 어느 찻집에서 캘린더를 옆구리에 끼고 바쁘게 오가는 사람들을 내다보며 뜨거운 차茶 한 잔을 오래도록 마시고 싶어진다. 아니면 지붕마다 흰 눈에 덮여 플랫폼에 정차해 허연 입김을 내뿜고 있는 야간열차를 타고 거리로부터, 집으로부터, 모든 운명으로부터 벗어나고 싶어진다. 고향이 있다면 더 없이 좋겠지만 그렇지 않다 하더라도 낯선 도시, 낯선 여관방에서 소리 죽여 울어보는 것도 좋으리라. 그냥 그렇게 떠나고 싶은 날이다.

그리하여 고향집 삽짝에 이르러 "어머니!" 하고 소리 높여 부르면 귀가 어두운 어머니는 무슨 일인가, 하여 문을 열고 눈眼마저 희미해 잔뜩 찌푸린 얼굴로 밖을 내다볼 것이다. "어머니, 저예요." 하면 노모는 그제서야 신발도 신지 않은 채 뛰어나와 자식을 끌어안을 것이다. 방으로 들어가 큰절을 올리려고 어머니를 보노라면 삭정이처럼 버쩍 마른 몸에 상처처럼 깊게 주름진 얼굴, 그새 어머니는 허물어져 가는 폐가廢家가 되어 있다. 가슴에 쏴 하고 강물이 흐르면서 목이 멘다. 어머니께 큰절을 올리려고 엎드리면 방바닥에 똑 하고 눈물이 떨어진다. 깊이 절하고 고개를 들면 비로소 밝은 불빛 아래서 자식을 본 어머니도 눈물이 글썽글썽한 얼굴로 무릎걸음으로 다가와 자식의 얼굴을 감싸며 그럴 것이다. "니, 얼굴이 이게 뭐고? 세상에 피죽도 못 얻어먹었나." 하고 "아이구, 불쌍한 내 새끼." 하며 껴안고 울리라.

씨암탉을 잡고 노모와 늦은 저녁을 먹으면서 살이生의 설움을 토해낼라치면 부모가 있다는 것이, 아니 살이生의 원통함을 일러바칠 수 있다는 것이 얼마나 행복한지를 알게 될 것이다. 한 해가 가는 마지막 저녁, 찾아뵐 부모가 있다는 것은 하나의 축복이리라.

외로울 때 꽃을 보라

나는 험악하게 자랐다. 중학교 때 입던 교복을 고등학교 졸업할 때까지 입어 마치 팔푼이처럼 보였고 영어사전, 독어사전도 없이 공부했다. 아버지 없는 가정에 열다섯 살이나 위인 형은 당연히 부모 노릇을 해야 마땅하거늘, 형과 형수는 나를 아주 귀찮은 존재로 취급했다. 참고서 한 권 사야겠다고 하면 형은 교과서로 공부하면 되지, 무슨 참고서가 필요하냐며 면박을 주었고, 용돈 좀 달라고 하면 학생이 공부만 하면 되지 무슨 용돈이 필요하냐며 냉정하게 거절했다. 교사였던 형이 시골 학교로 발령 났을 때, 형은 3개월이나 나에게 생활비를 보내지 않아 학우들의 점심도시락을 훔쳐 먹어가며 거지처럼 연명하다 배고픔을 참지 못하고 결국은 휴학을 하고 시골로 내려갔고 또래들보다 2년이나 늦게 졸업을 했다. 덕분에 후배들에게 나는 당하지 않아도 되는 수모도 당했다. 학교 다니던 내내 가정교사로 연명하다 보니 머리 나쁜 놈들 붙잡고 씨름하느라 내 공부는 거의 하지 못했다. 나는 그런 인생살이를 지금도 잊지 못한다. 달은 밝고 잠은 쉬 오지 않는 어느 날, 문득 잠이 깨어 뜻하지 않게 그런 생각들과 부딪치면 나는 눈물을 참을 수가 없다. 70이 넘은 노인이 설움에 겨워 이불을 뒤집어쓰고 울다니 창피하기도 하지만 그 회한은 그리 쉽게 사그라지지 않는다. 형은 나에게 결코 지워지지 않는 깊은 흉터 같은 거였다. 누구에겐들 회한 없는 세월이 없겠느냐마는 저 가슴 밑바닥에서 설움과 외로움이 강물이 되어 가슴을 할퀸다. 밤이 지나가는 소리, 외롭게 굴러가는 나뭇잎 소리, 바람이 창문이 흔들리는 소리 등과 어우러져 나를 적신다. 그렇게 서러울 수가 없다. 그래서 내가 KBS시험에 합격되어 취직했을 때 친구들은 신기해했다. 지금도 그렇다. 내가 숱한 역경을 뚫고 여기까지 온 것에 대해 존경을 표하는 친구들이 없는 건 아니지만, 명문가정에서 부모들의 아낌없는 사랑과 지원을 받으며 공부한 거개의 동창들은 내가 운수가 좋아 KBS에 들어간 걸로 이해하는 편이 많은편이다. 어느 날 친구 몇몇이 나의 시골집으로 놀러왔다. 나는 내가 할 수 있는 최대한의 대접을 했는데 한 친구가 술이 취해 그랬다. 허름한 잡문雜文이나 쓰는 주제에 '꼴에 작가'라고 집필실까지 갖고 사는 모습이 가소롭다는 듯 면박을 주었다. 그 친구는 우리나라 최고의 명문대를 나왔지만 당시는 새로 생긴 학과로, 경쟁력도 거의 제로 베이스였고 취향도 아니고 재능과도 관계없이 오로지 명문대학 졸업장을 따기 위해 들어갔던 것이다. 가벼운 재주와 낮은 자질뿐이면서도 언제나 명문대 졸업을 코에 걸고 우쭐대는 모습이 그리 아름다워 보이지가 않았다. 아무리 교육을 많이 받고 높은 지위에 올라도 비천함은 고쳐지지 않는 것인가? 언제까지나 그의 기억에는 구차한 시절의 온갖 남루한 나에 대한 기억과 욕스러운 이력만이 머릿속에 남아 있었으리라. 현명한 사람은 미치광이 말도 가려듣는다고 했건만 이리저리 떠돌며 어지간한 멸시도 무시하고 살았는데 어찌 자꾸 눈물이 날까? 나는 그를 보내고 한잠도 자지 못했다. 빈터 같은 마음에다 며칠을 두고 술을 들이부었다. 그런 어느 날 새벽, 이취泥醉의 눈으로 밝아오는 새벽빛을 멍하니 마주하고 앉았는데 문득 노자老子의 상선약수上善若水라는 글귀가 생각났다. 그 자리에서 먹을 갈아 도덕경 한 자락을 썼다. 물처럼 아래로 흐르고 낮게 처신하며 사소한 것에 마음 팔지 말자고. 그게 선善이라는 말에 깊이 고개 숙였다. 어떤 문학모임에서 수필의 위상을 이야기 하던 끝에, 이 에피소드를 예로 세인들의 수필에 대한 인식을 토로했는데 이를 전해들은 지인 한 사람이 나를 찾아왔다. 난蘭 한 그루를 사들고. 그리고 이사카와 다큐보꾸石川啄木의 시詩 한 수를 읊어 주었다.

> 모두 나보다 훌륭하게 보이는 날
> 꽃을 사들고
> 집으로 들어와
> 아내와 꽃을 본다.

"그리고 그랬다. 먼 길을 가다보면 똥 밟을 수도 있다. 이 꽃을 보고 잊어라, 세상에는 아름다운 것들이 얼마나 많은가. 그런 것들을 사랑하는 것만으로도 벅차다."

나는 상처를 꽃으로 치유하라고 한 그 지인을 잊지 못한다.

그렇다고 나를 알아줄 친구가 없다고 한탄할 일만도 아니다. 상우천고尙友千古, 책 속의 선인을 벗 삼고 하늘을 떠가는 구름과 노을로 위로慰勞 삼을 일이다. 매梅를 아내로 삼고 학鶴을 자식으로 삼고 산 매처학자梅妻鶴子들의 풍류, 또한 나름대로의 위안이다. 좋은 학교를 나와 천하를 호령한다 할지라도 그가 인간답지 못하다면 그는 친구가 아니다. 법구경法句經에서도 그런다. "나보다 나을 것 없고, 내게 알맞은 길벗이 없거든 차라리 혼자서 착함을 지켜라. 어리석은 사람의 길동무가 되지 말라學無朋類 不得善友 寧獨守善 不興愚偕."고 했다. 뜻과 정서가 다르고 이익과 풍속이 다른 이들과는 어울리지 않아야 했다. 그날 이후 나는 질 낮은 친구들을 되도록 피했다. 더 이상 상처받고 싶지 않기 때문이다. 그리고 내가 외로울 때 나는 시장에서 비싸지 않은 예쁜 꽃들을 산다. 그리고 따뜻한 창가에 놓아두고 본다. 확실히 위안이 된다. 나의 남루한 생애를 동정하는 친구들이 없는 건 아니지만 어쩌다 운수가 좋아 그리되었노라고 폄하하는 친구들도 없지 않다.

그러나 나는 열심히 살았다. 비굴하지 않았고, 불의와 타협하지도, 편법을 사용하지도 않았다. 열자列子는 설부說符 편에서

"사슴을 쫓는 자는 산을 보지 못한다逐鹿者 不見山."고 했다. 속칭 칡뿌리나 캐고 고사리나 꺾으며 산골에 사는 늙은이에게 이름이 있은들 그게 무슨 대수이겠으며, 설사 사슴이 아니라 산山을 본다 한들 이 나이에 그게 무슨 소용이 닿겠는가? 그렇지만 나는 항상 당당하려고 한다. 글도 그렇다. 내가 어느 단체의 문학회장으로 있을 때 몇몇 회원들이 끊임없이 자비自費출판을 강요했다. 기준 출판사들이 출판해 줄 만큼, 또 기준 잡지들이 원고청탁을 할 만큼 글의 완성도가 미치지 못하니까 여러 사람들의 글을 모으고, 돈도 모아 책을 내고, 그런 것들로 으스대며 '나도 작가요.' 하고 과시하고 싶은 것이다. 글도 남들이 인정해 줄 때 비로소 작가가 되는 것이다. 그들의 눈에는 그런 어떤 것들을 자랑하고자 하는 나의 아집이 보였을 것이고, 그게 그들의 비위를 상하게 했을 거라고 추측하면서 공연한 일을 벌여 스스로 모욕을 자초한 것이리라고 반성한다. 함이 없으니 하지 않은 것이 없다無爲而無不爲라는 노자의 글귀를 되새기며 앞으로는 문을 닫고 조용히 앉아있을 작정이다閉門靜坐. 늙은 소나무처럼 이끼 낀 바위처럼 말이다.

가출家出과 출가出家

한 언론사 사장까지 지내신 분이 어느 날 은퇴를 하고 출가를 했다고 해서 화제가 된 일이 있었다. 그 정도면 한국사회에서 누릴 것 다 누리고 부족함이 없었을 텐데 무엇이 부족하고, 또 무엇을 얻고자 그리한 것인지 이해가 되질 않았다. 이미 달관達觀하여 인생을 무심하게 볼 나이가 되어, 속세에 있으나 산중에 있으나 매양 같을 텐데 구태여 깊은 산중에 들어가 면벽하고 좌선해야만 집 나간 소牛를 찾을 수 있다는 걸까. 집을 나간다는 것은 내가 찾는 그 어떤 것들이 집안에 있지 않고 집밖에 있기 때문일 것이다. 그분이 평생 동안 누려온 그 많은 존경과 호사가 집안에 있으되 진실되게 와 닿지 않고, 마음은 집 바깥 어딘가 허공을 떠도는 것 같아서일까. 그렇다면 그건 허무일까? 혹은 참회일까?

나 역시 은퇴를 하고 하릴없이 집에서 빈둥거리던 어느 날 그런 생각이 들었다. 할 일 없기는 속세에 있으나 산중에 있으나 마찬가진데 산 좋고 물 좋은 산속에 들어앉아 책이나 읽으면서 그동안 잔뜩 겉멋에 취해 부린 허세를 반성하고 참 진리를 구하는 것이 낫지, 구태여 아귀다툼을 하면서 이런 속세에 살 필요가 있겠느냐고 말이다. 그러나 그것을 실행에 옮기기란 쉬운 일이 아니었다. 자식들이야 이미 장성했을 테니 그렇다 치더라도 늘그막에 서로 의지하고 살아야 하는 아내 역시 홀로 두고 나선다면 그 또한 수십 년을 함께 살아온 도리가 아니지 않는가 하고 말이다.

집을 나선다는 것, 그것은 새로움이다. 진리를 찾든, 아니면 재물을 구하든 어쨌든 그것은 새로운 길을 찾는 것이다. 그러나 같은 집을 나서도 '출가'와 '가출'은 천양지차다. 하루에도 수백 번씩 명멸하는 헛된 망상과 욕심을 버리고 진실된 마음을 찾아 나선 자를 일러 '출가'라고 이른다면, 세속의 갖은 욕망과 아집을 다 부둥켜안고 하나라도 더 얻으려고 바동거리면서 그저 몸

뚱이 하나만 달랑 떠난 자를 일러 '가출'이라 부르는 것이리라.

나도 한때 절을 찾아 나선 일이 있었다. 군대를 제대하고 막막하게 하루하루를 보내던 시절, 무언가를 해야 하는데 그것이 무엇인지 모르겠고 나를 보살피고 보듬어야 할 형兄은 태무심하기가 개 닭 보듯 했다. 어떻게 살 것인지에 대한 걱정을 해주기는커녕 으레 늦게 일어나게 마련인 실업자인 나에게 형수는 아침밥 차려줄 생각도 하지 않고 모르는 척 늦잠만 잤다. 부엌을 뒤져 부뚜막에 앉아 꾸역꾸역 밥을 먹으면서 치욕恥辱이란 이런 거구나 하는 생각이 들었다. 그러다 친구 하나가 그해도 고시에 떨어져 이번에는 마음 독하게 먹고 절간에 들어가 고시 공부를 한다는 풍문이 들렸다. 한때 어울려 다니며 어지간히 마셔댔던 처지라 그리 괄시할 것 같지 않아 원고지 몇 백 장을 사들고 무작정 그를 찾아 나섰다. 가을이 한창일 때였다. 비구니만 수양을 한다는 본本절은 사람의 그림자는커녕 귀가 쨍할 정도로 정적靜寂이고 입구에 있는 수백 년 된 은행나무는 바람이 불 때마다 나뭇잎 사이로 역광의 아름다운 빛을 쏟아내며 절 마당에 어지럽게 그림자를 만들어 내고 있었다. 나는 그 적막을 한참을 바라보았다. 아름다움이란 반드시 예쁜 것만이 아니구나, 쓸쓸한 것도, 적막한 것도 눈물겹게 아름다운 거로구나. 인기척을 내 보았지만 누구 하나 문 열고 어찌 왔느냐고 묻지도 않았다. 아무것도 없구나. 누구도 나를 위해, 어떻게 왔느냐고 묻지도 않는구나. 그가 있다는 암자 역시 너무나 조용해 감히 누굴 부를 엄두가 나질 않았다. 대웅전 앞에서 합장으로 부처님께 인사를 드리고는 그냥 내처 계단에 앉아 있었다. 산은 어둑어둑해지고 계곡을 훑고 가는 바람 소리, 골짜기를 타고 내리는 물소리, 고뇌 같기도 하고 무심하기도 한 독경 소리가 꿈결처럼 멀었다.

그 전에도 나는 그런 고적함을 뼈저리게 느낀 일이 있었다.

겨울이었다. 바닷바람은 찼다. 거기다 멍게를 안주 삼아 퍼넣은 도라지 위스키가 사람을 더 떨리게 했다. 돈은 떨어져 더 이상 술을 마실 수도 없었고 따뜻한 국물이라도 먹으면 좀 나으련만 돌아갈 차비마저 달랑달랑했다. 우리는 추위를 잊어 보려고 고래고래 악을 쓰면서 노래를 부르며 모래사장을 걸어 나와 버스를 탔다. 한 친구는 하숙집으로 돌아가고 나는 또 다른 친구와 함께 그의 집으로 갔다. 사실 나는 그의 집에서 이미 추방된 상태였다. 공부에 한창 열중해야 할, 대가리에 소똥도 안 벗어진 녀석이 가출을 해 어디 취직을 하겠다고 떼거리를 쓰는데 자식놈 생각해서 그냥 점잖게 거절했을 뿐이지 불량소년 보듯 하면서 혹시 자식놈이 물들까봐 조바심치는 눈치가 역력했다. 나는 한 번 더 사정해 볼 요량으로 그 집을 다시 찾은 것이다. 그러나 그 집에 도착했을 때는 이미 자정이 가까웠고 우리는 너무 취해 그냥 쓰러져 잠이 들었다. 소동은 한밤중에 일어났다. 아직도 여물지도 않은 녀석들이 그렇게 독한 위스키를 안주도 없이 들이켰으니 속이 가만 있을 리가 없었다. 자다가 갑자기 토할 것 같아 일어났는데 문턱을 넘기도 전에 토사물을 쏟아내고 말았다. 당황한 가운데서도 녀석과 나는 허둥대며 대충 그 오물을 치웠지만 그 냄새만은 쉽게 지워지지가 않았다. 나는 새벽 통금해제 사이렌이 울리는 것을 기다려 그 집을 도망 나와 부산진역 대합실로 가서 웅크리고 앉아 날이 밝기를 기다렸다.

나는 집을 나서면 신천지가 펼쳐지는 줄 알았다. 다들 나를 불쌍히 보고 먹을 것을 주고 일자리를 알선해 줄 줄 알았다. 그러나 그것은 책 속에서만 있는 무지개 같은 허상에 불과했다. 불치병으로 생이 얼마 남지 않은 귀부인도, 찰스 디킨스의 소설에서처럼 유산으로 물려줄 돈 많은 신사도 없었다. 새벽녘 부산

진역 대합실에서 나는 살아있는 모든 것들은 결국은 혼자라는 사실을 깨달았다.

그는 나를 반가이 맞아주었으나 기껏 열흘 남짓이었다. 그 때도 절寺은 수양修養의 도량이 아니었다. 거기에 와 있는 사람들 모두가 하나같이 고시가 목표였고 4수, 5수까지 한 아저씨도 있었다. 그는 그들에게 나를 소개시키고 볼일이 있다며 산을 내려가 버렸다. 처음에는 그가 정말 볼일이 있어 산을 내려간 줄 알았다.

그래서 다소 느긋하게, 종일 한가롭게 방안에서 뒹굴면서 책도 보고 어쭙잖은 시詩도 끼적거려보다가 그 짓도 시들해지면 배를 깔고 침까지 흘려가며, 끝없는 수마睡魔 속으로 빨려들곤 했다. 그리고 밤이면 누군가가 마을까지 내려가 술을 사오고 그러면 모두들 한 방에 모여 조용히 술을 마셨다. 그러나 나는 그들과 어울릴 수가 없었다. 나는 데카르트를, 니체를, 그리고 박인환을 이야기하는데 그들은 '미필적 고의'니 '명백하고 중대한 하자' 따위를 이야기했다. 내가 보기에는 그들이 술 한 잔 먹고, 안 먹고의 문제가 아닌 듯했다. 습관적으로 책을 끼고 앉은 그들이나 유치하기 그지없는 시詩 나부랭이를 끼적이고 있는 나나 크게 다를 바 없어 보였다. 나는 머리를 깎는 대단한 결심을 한 건 아니지만 절이 있을 만한 곳이라고 생각된다면 억지로라도 붙어 있어 볼 작정이었다. 그런 절 생활에 실망을 할 즈음 나는 가끔 스님이 염불하는 법당으로 들어가 뒷전에 앉아 곧잘 명상에 잠기곤 했다. 그런 어느 날 불경을 외던 스님이 나를 돌아다보더니 한 말씀 하셨다.

"절에 있겠느냐? 밥값은 안 받으마."

"싫습니다."

"이놈아, 이것이 있으니까 저것이 있다. 니가 있으니까 만물이 있는 거다."

스님은 내 속내를 알아차렸다.

잎 넓은 오동잎 지는 소리에 놀라 잠이 깨고, 산골짜기를 내닫는 바람소리가 심란하여 문을 열면 서리가 하얗게 내려앉던 그해 초겨울, 나는 그가 왜 오지 않는지를 겨우 알아차렸고 그제서야 나의 뻔뻔함을 깊이 반성했다. 세상 어디에도 공짜 밥은 없느니 만큼 나는 친구 밥을 대신 먹은 것이다. 고민이 깊어가던 어느 날 나는 스님에게 떠나겠다는 의사를 전했다. 스님이 그랬다.

"사람이 한평생을 살다보면 기쁜 일보다는 슬픈 일이 더 많을 것은 불을 보듯 뻔한데, 그때마다 축축하다고 서럽다고 울지 말고 그저 그러려니 하고 사는 거다. 알았느냐?"

산문을 나서는 나에게 스님이 한 말씀 덧붙이셨다.

"넘어지는 것을 두려워하지 마라. 크게 넘어지면 크게 쏟아낼 것이다. 그게 업業이다."

스님이 부처 같았다. 나는 산을 내려오면서 수면제를 버렸다. 며칠 후 나는 야간열차를 몰래 타고 서울로 올라왔다. 그를 두고 내가 부득이 '출가'라고 우기고 싶은 것은 '가출'과는 다르게 얻는 게 있었기 때문이다.

바람 되어 가리라

올겨울은 빨리 왔다. 나무들은 아직 푸른 잎을 주렁주렁 달고 있고 겨울이 오려면 한 달 이상 남았는데 어느 날 갑자기 찬바람이 몰아치며 기온이 영하로 떨어졌다. 내가 사는 시골은 서울보다 2−3도가 더 내려갔다. 나른한 햇살에 해바라기를 하던 참새떼가 철 이른 찬바람에 놀라 하늘로 치솟으며 갈 바 몰라 하고, 건너편 산등성이의 은사시나무를 허옇게 뒤집어 잎들은 봄날의 나비처럼 분분하게 흩어졌다. 외롭게 굴러가는 나뭇잎 소리, 밤이 지나가는 소리, 멀리 개 짖는 소리, 혼자 있으면 환청이 들린다. 그리운 사람이라도 있을라치면 더욱 그렇다. 바람이 창문을 흔들면 그곳까지 그리운 이가 올 리도 없건만 가슴이 철렁 내려

앉는다. 철 이른 두터운 털 잠바를 꺼내 입고 난로 앞에 앉아 추위를 달래면서 저쪽 끝 벌판에서 풀을 땅위로 눕히면서 몰아치는 바람을 본다.

그런 바람을 보고 있노라니 문뜩 어릴 때 지독하게 추웠던 겨울이 생각나고 두꺼운 수건을 머리를 싸매고 종종걸음을 치던 어머니가 생각난다. 부엌이라고 할 수도 없는, 집과 담벼락 사이를 가마니때기로 막아놓은 한데부엌에서 시퍼렇게 얼은 얼굴로 밥을 짓던 어머니의 모습이 떠오른다.

나는 그렇게 바람 부는 날이면 어릴 때 추위에 떨던 생각이 나고, 어머니의 모진 살이(生)가 잊히지 않는다. 그리고 임화林和의 시가 떠오른다.

사랑하는 나의 아이야
한밤중 어느
먼 하늘에 바람이 불어
새도록 잦지 않거든
머리가 절반 흰 아버지와
가슴이 종이처럼 얇아

항상 마음이 아프던
너의 엄마와
어린 동생이
너를 생각하며 잠 못 이루는 줄 알아라.
사랑하는 나의 아이야
너 지금 어디 있느냐.

이 시를 웅얼거리다 종내는 눈시울을 적신 일이 한두 번이 아니었다.

매번 그랬다. 바람 부는 날이면 임하의 시가 그러하듯 나는, 어머니가 그렇게 보고 싶었다. 어머니가 바람이 되어 내가 보고 싶어 잠 못 들어 하며 새도록 잦지 않는구나, 하는 생각이 들면서 비감에 젖곤 했다. 어머니는 돌아가실 때도 바람처럼 가셨다. 자식들 고생시키지 않으려는 듯 3일을 중환자실에 계시다가 유언 한마디 없이 가셨다.

형과의 불화로 우리 집에서 불편한 동거를 하고 있었을 때였다. 그것은 우리 부부가 맞벌이를 해야 했던 시절, 아이들의 양육을 위해 장모를 모시고 있었는데 또 어머니까지 모셔야 했으니 그 불편이 어떠하리라는 것은 짐작이 가리라. 어머니는 화장실에서 쓰러져 응급실로 실려 갔다. 입원 사흘째, 막 퇴근해 형과 교대를 하고 의식 없이 누워있는 어머니의 얼굴을 한 번 쓰다듬어 보고 복도로 나와 담배 한 대를 피워 무는데 간호사가 황급히 보호자를 찾았다. 들어가 보니 어머니는 힘겹게 숨을 몰아쉬고 있었다. "엄마, 많이 힘들어?" 하며 내가 손을 잡아주자 어머니의 손에 희미하게나마 힘이 느껴지더니 이내 손끝이 아래로 톡 떨어졌다. 마치 나를 기다렸다는 듯이 숨을 거두었다. 친척들이 그랬다. 임종 보는 자식은 따로 있다고. 그러나 일찍 아버지를 여의고 형의 냉대와 무관심 속에서 혼자 끊임없이 떠돌며 겨울 가랑잎처럼 이리저리 쓸려 다니며 외롭고 힘들게 살아온 막내아들에 대한 애처로움이었을 것이다.

5대 독자의 집안으로 시집와 2남 1녀를 두었지만 남편이 6·25 와중에 비명횡사하고, 유명한 형산강 전투로 모든 재산이 하루아침에 잿더미가 된 환경에서 죽을힘을 다해 맏이는 어찌어찌 길러냈지만 동생들을 돌보야 할 맏이는 이기적인 처신으로 동생들에게 삶의 고통만을 안겨주었다. 그로 인해 어머니는 자식들에게 효도 한 번 받아보지 못하고 떠났기에 그 한恨은

깊었을 것이고 그것은 일찍 아버지를 잃고 외롭고 슬프게 자란 막내에게는 각별했을 것이라 짐작된다.

그런 어머니는 내게는 가슴속에 부는 쓸쓸한 바람이었다. 겨울이 오기 전 바람이 몰아치는 날이나, 봄이 오기 전에 심술궂은 봄바람이라도 불라치면 돌아가신 어머니가 생각났고 그런 만큼 못 견디게 보고 싶었다. 나도 죽어서 아마 바람이 되어 어머니를 만날 것이라는 생각이 든다. 그래서 자식들이 보고 싶을 때, 영일만을 가로질러 비단 폭 찢는 소리를 내며 달려오던 고향의 바람처럼, 그런 어머니의 바람처럼, 나도 자식들이 보고 싶어 잠 못 들어 할 것이다. 바람 되어 아이들을 생각하며 새도록 울며 잠 못 이루리라.

죽어 바람이 되리라.

아이들이 보고 싶으면 강을 건너고 산을 넘어 새도록 울리라.

어머니가 내가 보고 싶어 바람이 되어 나를 찾아오듯이 말이다. 시詩의 한 구절처럼…….*

사랑하는 나의 아이들아! 바람 부는 날은 아비가 너희들이 보고 싶어 잠 못 드는 줄 알아라.

새로운 고백의 형식과 수필의 가능성

이운경

수필은 고백의 문학이다. 수필에서 고백이라는 제도는 형식과 내용을 규정하는 강력한 규범이며 압박이다. 인간 영혼의 개별성은 형식의 틀에 들어가는 순간 잠식당한다. 그리고 그 형식은 제도로 굳어진다. '일인칭 고백의 문학'이란 형식은 사라진 '나'를 호명하고, 아물지 못한 상처를 호출한다. 그럼에도 '나'를 말하는 방식은 제한적이다. 언어가 지닌 불가능성까지 보탠다면 '나'를 찾아가는 길은 난망하다. 이처럼 '나'를 제대로 말할 수 없다는 부가역적 상황이 역설적이게도 새로운 가능성을 주었다. 제각기 다른 영혼과 정념의 크기와 농도에 알맞은 그릇을 찾는 것이 '자유로운 형식'의 본질이다. 반복되는 형식은 비슷한 영혼을 재생산하는 난맥상을 보여주었다. 그러나 흘러넘치는 영혼과 정념은 나름의 형식을 고민하고 창안하였다. 시대는 스스로 형식을 만들어 가니까.

시간이 흐를수록 흐릿해지는 기억은 필사적인 자기 확인의 욕망을 자극한다. 수필가의 적령기가 장년 이후임을 상기한다면, 고백의 형식은 정체성의 확인하는 작업이다. 또한, 고백은 분열하고 훼손된 자아를 회복하는 치유의 과정이기도 하다. 존재에 대한 진지한 성찰이 녹아있을 때 고백은 가치를 획득한다. 문제는 고백의 방식과 화자의 태도이다. 자아를 치장하거나 과거를 회고하는 고백은 수필에서 별 매력이 없다. 설령 미학적으로 아름답고 윤리적으로 숭고한 고백이라 할지라도 독자에게 감동을 주기 어렵다. 이미 수필은 전 시대의 형식을 해체하기 시작했다. 매개물 없이 중얼거림에 가까운 고백, 지극히 사적인 언술과 나열식 구조 등은 시대의 변화를 반영한 작품들이다. 어쨌든 수필은 형식의 다양성을 모색하고 진화하고 있다.

장기오의 〈바람이 되어 가리라〉에서는 불편한 형식과 아픈 정서와 마주친다. 불편하다는 것은 형식의 난맥상이다. 중간에 삽입한 임화의 시와 결말 부분에 나타난 감탄형 문장 탓이다.

그럼에도 어머니의 생애와 화자의 슬픔이 진하게 전해온다. 아이의 천진한 눈빛과 목소리로 어머니를 애상하는哀想하는 화자의 태도는 독자들을 무장해제 시킨다. 통속적인데 찔레꽃 향기 같은 통증이 온다. 추운 겨울 몰아치는 바람은 돌아가신 어머니로, 화자의 외로움으로 비약한다. 이런 비약은 간극이 크지만 나름의 진정성이 내포되어있다. 여기서 말하는 진정성은 어머니 삶을 위무하거나 포장하려는 욕망을 내려놓은 것이다. 장기오의 언술을 살펴보면 다소 거칠지만 순정이 넘친다. 다른 언어로 전환하거나 대상에 기대지 않고 자신의 감정을 날것으로 드러낸다. 다른 언어로 번역되지 않는 순수한 정념이 매력이다.

이 작품의 중심언어는 바람인데, 바람은 영혼의 이명異名이며, 존재론의 변주이다. 화자의 심상에 새겨진 바람의 이미지와 어머니의 삶과 자신의 성장과정이 슬픈 정서로 연결되는 까닭이다. 클라이맥스는 어머니를 보내드리는 임종의 장면이다. 그는 절명의 순간을 무위의 기교로 스크랩한다. 사실이 감동을 낳고, 감동이 깨달음으로 이어진다. 그가 보듬고 있는 사모곡의 여린 무늬 때문만은 아니다. "가마니때기로 막아놓은 부엌에서 시퍼렇게 얼은 얼굴로 밥을 짓던 어머니"와 "혼자 끊임없이 떠돌며 겨울 가랑잎처럼 이리저리 쓸려 다니며 외롭고 힘들게 살아온 막내아들"이 동일한 질량감으로 겹쳐오면서 독자의 감성을 자극한다. 모성을 신성神性으로 승격하려는 불순한 의도가 애초부터 없었기에 가능했다.

좋은 수필이란 어떤 것일까? 유감스럽게도 문학에는 정답은 없다. 자본 시장에서는 새로운 것은 교환가치로 평가된다. 오늘날 문학은 경제적 교환가치가 적용되지 못하는 불모지이다. 그러기에 문학은 가능성이 있다. 문학에서 새로운 형식에 대한 갈망은 당연하다. 수필이 주제라는 소실점을 설정하고, 일인칭 화자인 '나'를 중심으로 원근법적 구도를 취하는 것은 '고백'이라는 수필의 특성과 궁합이 잘 맞는 까닭이다.

… 중략 …

수필은 삶의 터전인 대지를 떠날 수 없다. 땅에 뿌리 내리고 평생을 살아야 하는 나무처럼 가지를 위로 뻗으며 창공을 흠모할 뿐이다. 불가능에 대한 억압이 강할수록 탈주에 대한 욕망도 배가한다. 현대수필은 '허구' 대신 '환상'이라는 도구를 도입한다. 중요한 것은 수필의 가능성이다. 오늘의 수필은 화자의 말을 통해 고백의 존재 근거를 묻고 있다. 일인칭 화자와 15매 내외라는 제도화된 형식을 추구하는 고백이 과연 진실을 말할 수 있는가. 제도를 따라가기 보다는 차라리 '제도 그 너머' 어디쯤에서 삶과 영혼을 말하는 것이 훨씬 수월하다는 것을 장기오의 작품이 보여준다.

은유에 관해

최진아

… 전략 …

가난한 어린 시절, 어머니의 고생을 눈으로 보며 자란 나에게 지금 불어오는 겨울바람은 어린 시절의 영상을 떠올리게 한다. 겨울바람 속 시퍼렇게 언 얼굴로 밥을 짓던 어머니, 어머니와 겨울바람은 분리되지 않은 일체였다. 그 장면의 일부인 '바람'은, 또 그 장면 속 일부인 '어머니'를 대신한다. 그리고 그 대신함(환유)의 생성한 의미는 고생스러움, 안타까움, 가슴시림이다.

… 중략 …

물론 이렇게 읽지 않아도 작품이 가진 미감에 손상이 생길 리는 없다. 그러나 인류가 진화의 과정에서 계속 갈고 닦아온 은유하고, 환유하는 능력을 의식적으로 발휘하면 작품읽기가 또 다른 맛을 길어 올린다. 작품 감상처럼 좋은 수필을 창작하는 데도 은유, 환유에 대한 앎은 지적, 정서적 자극을 멈추지 않을 것이다.

은유는 문학가들이 가진 상상력과 수사적 풍부함을 드러내는 주된 도구로 아리스토텔레스가 살았던 시대로부터 많은 철학자, 문학가, 수사학자들의 주된 관심사가 되어왔다, 그러나 1970년대 후반 레이코프와 존슨을 비롯한 일군의 인지학자들은 다른 관점에서 은유를 바라보기 시작했는데, 그 새로운 관점에서 탄생한 은유를 우리는 '개념적 은유'라 부른다. 이것은 '알고 있는 것'을 바탕으로 '새로운 것'을 이해할 때 인간이 꺼내드는 생각의 방식, 표현의 방식이다.

… 중략-…

그러나 인류의 전략적 사고의 표현 방식인 은유와 환유는 다른 어떤 매체보다 언어를 통해 세련된 형태로 변화해 왔다. 인류가 일찍이 보인 '수사'로서의 은유와 환유가 그것이다. 아리스토텔레스가 그의 ≪시학≫에서 은유를 언급한 이후 동시대에 활동했던 학자들, 철학자들, 수사학자들까지 은유로 대표되는 비유를 설득을 위한 한 가지 기술로 간주하거나 일상적인 언어가 아닌 특수한 언어적 효과를 목적으로하는 시적, 수사적 장치의 하나로 인식했다.

… 중략 …

장기오의 수필 〈바람이 되어 가리라〉를 '개념적 은유와 환유'라는 필터로 내려 보면 작품을 읽는 미감美感이 상승한다.

가난한 어린 시절, 어머니의 고생을 눈으로 보고 자라온 나에게 지금 불어오는 겨울바람은 어린 시절의 영상을 떠올리게 한다. 겨울바람 속 시퍼렇게 언 얼굴로 밥을 짓던 어머니, 어머니와 겨울바람은 분리되지 않는 일체였다. 그 장면의 일부인 '바람'은 또 그 장면 속 일부인 '어머니'를 대신한다. 그리고 '그 대신(환유)이 생성한 의미'는 고생스러움, 안타까움, 가슴시림이다.

물론 이렇게 읽지 않아도 작품이 가진 미감에 손상이 생길 리는 없다. 그러나 인류가 진화의 과정에서 계속 갈고 닦아온 은유하고, 환유하는 능력을 의식적으로 발휘하면 작품읽기가 또 다른 맛을 길어 올린다. 작품 감상처럼 좋은 수필을 창작하는데도 은유, 환유에 대한 앎은 지적, 정서적 자극을 멈추지 않을 것이다.

인류가 만들어 놓은 개념의 산물은 풍성하다. 그러나 인류는 지금도 끊임없이 새로운 은유, 환유를 만들고 변형하고 활용하고 있다. '시간'을 신이 준 선물로 인식하던 역사적 어느 시점이 있었을지도 모르나 21세기 자본의 시대, 우리는 시간을 깎아 써야 할 만큼 귀한 자원, 아껴야 하는 자원으로 인식한다. 수필을 통해 세계와 만나고 사람을 만나며 역사를 만나는 수많은 독자를 위해 수필가의 은유와 환유에 대한 새로운 관심을 기대한다.

Gloomy Monday

월요일은 대체로 우울하다. 종일 혼자 있어야 하기 때문이다. 오전에 잠시 취미 삼아 배우는 서예교실에 가서 글씨 몇 자를 쓰고 오면, 이후의 시간을 채울 수가 없다. 선생이 써준 체본을 옆에 놓고 복습하려고 화선지를 펼쳐놓으면 몇 자 쓰지도 못하고 허리가 아파온다. 또 초보자가 되다 보니 온전한 글자 몇 자 쓰는데 집안을 온통 먹물투성이로 만들어 놓는다. 마누라한테 지청구를 당하지 않으려면 깨끗이 닦아 놓지 않으면 안 된다. 닦는 김에 집안 청소를 다 해 준다. 마누라는 점심 먹고 나가서 종일 뭘 배우고 오는데 대개 밤 9시가 넘어야 들어온다. 취향이 다르면 각자 놀 일이긴 하지만, 밥도 혼자서 해결해야 하고 TV도 혼자서 본다. 하루 정도는 결석해도 별 지장이 없을 텐데 기어이 나가겠다는 심보는 남편을 무시하는 행위의 다름 아니며, 밤늦게 들어오는 여편네를 목을 빼고 기다리는 내 처지 등이 참으로 한심하다는 생각마저 든다. 그렇다고 둘이 같이 있다고 해서 별나게 다정스러운 것도, 이런저런 이야기들을 나누는 것도 아니다. 마누라는 안방에서, 나는 마루에서 각자 취향대로 TV를 틀어놓고 멍하니 시간을 죽일 뿐이다. 그러나 한 공간에 같이 있는 것과 없는 것의 차이는 천양지차다. 이미 혼자 놀기에 어지간히 이력이 붙었건만 시골에서 혼자 책 보고 음악 듣고 하는 것과는 다른 차원의 외로움이다.

이제 누구도 나를 필요로 하질 않는다. 내가 없어도 마누라는 전혀 불편하지 않다. 남편이 없으면 불안하고 무언가 빠진 것 같아 안절부절못하던 시절이 없었던 건 아니었지만, 이제는 없는 게 더 편안하고 홀가분한 모양이다. 혼자서도 즐겁게 놀 거리가 있고, 같이 산다는 구실로 자질구레한 그 어떤 것들로 귀찮게 하질 않으니 더할 수 없이 편안한 모양새다. 남의 눈도 있으니까 체제 유지용 품위를 유지할 목적으로 데리고 살 뿐이라는 눈치도 역력하다. 마누라뿐만이 아니라 세상 어디에서도 더 이상 나를 필요로 하지 않는다는 기분이 든다. 그렇다면 나는 뭔가? 그냥 산다. 살았으니까 산다. 삶은 필요한 동안만 서로 어깨동무를 할 뿐, 결국은 그 어떤 인생도 모두가 개별적個別的이라는 생각마저 든다. 전화 한 통 없이, 찾는 사람 하나 없이 비명을 지르며 황야를 건너는 기분이다.

어디 좋은 영화라도 있으면 보러 나가보지만 그 또한 만만치 않다. 찾아가기도 번거로울뿐더러 옛날처럼 좋은 영화를 만나기가 그리 쉽지 않다. 옛날에는 그런대로 볼 만한 영화, 즉 예술영화라고 칭할 만한 영화가 있었는데 지금은 그렇지 않은 것 같다. 모든 문화는 변증법적으로 발전한다는데 영화는 오히려 퇴보하는 듯하다. 갈수록 가벼워지고 천박해진다. 극장 앞에 서 있다가 돈이 아까울 것 같아 뒤돌아 나온다. 백화점이라도 구경 삼아 돌아보려 해도 대개 월요일은 쉰다. 뒹굴뒹굴하며 영화 〈아무르(Amour〉(미카엘 하네케(Michaet Haneke)감독, 2012년 칸영화제 황금종려상 수상작)의 주인공이 절망처럼 내뱉는 "인생은 참 길다."라는 대사를 비로소 공감하면서 TV 앞에서 시간을 죽인다. 그것마저 시들해지면 포켓에 손을 찔러 넣고 산책 삼아 동네를 어슬렁거리다 제과점 같은 데 들어가 빵 한 쪼가리에 음료수 한 잔을 시켜놓고 거리를 바쁘게 오가는 사람들을 내다본다. 이상李箱은 〈권태〉라는 수필에서 아이들이 노는 광경을 보면 눈물이 난다고 했다. 그리고 하늘은 왜 저렇게 푸르냐고 불평하고 장난감 없이 노는 아이들이 불행하다고도 했다. 그리고 그랬다. "아! 조물주여, 이들을 위해 풍경과 완구를 주소서."라고 기원했다. 월요일만이라도 좀 즐거워지게 나에게도 근사한 풍경과 신나는 완구를 주소서, 하고 되뇌며 제과점을 나와 어슬렁거리다 연못도 꾸며놓고 아침저녁으로 분수도 내뿜도록 제법 근사하게 꾸며 놓은, 새로 생긴 동네 아파트가 생각나 그곳으로 가 벤치에 앉아 아이들 노는 모습을 본다. 영락없는 동네 노인네다. 아이들을 데리고 나온 젊은 부부들의 자식 사랑을 흐뭇한 눈으로 바라보다 집으로 들어온다. 집에 와도 마누라는 아직 오지 않았다. 으레 늦게 들어오는 줄 알면서도 늘상 등골이 서늘해진다. TV 앞에 앉아 이리저리 채널을 돌려본다. 무엇이 그리 우스운지, 이리 자빠지고 저리 엎어진다. 새파랗게 젊은이들이 저들끼리 박장대소를 하는데 나는 하나도 우습지가 않다. 그들은 심각하게 TV 앞에 앉아 있는 나를 보고 비웃는 것 같다. '할아버지, 뭐가 그리 심각하세요.'라고 말이다. 사는 게 지겨워진다. 저녁을 먹으려고 식탁 앞에 앉으면 서글프기가 그지없다. 주중 내내 시골에서 혼자 있다 보니 서울에 있는 며칠만이라도 그러지 않았으면 하는 바람인데, '망팔望八의 나이에 이 무슨 청승인가.' 하는데 까지 생각이 미치면 도로 거두어 냉장고에 넣어두고 다시 나온다. 해장국집에 들어가면 주인은 아주 송구한 듯이 "오늘도 혼자세요?" 한다. 말없이 고개를 끄덕이면 밥과 소주를 동시에 가져다준다. 마누라가 알면 혼나는데 하면서 술 냄새를 감추려고 껌 한 통 사서 씹으면서 어슬렁거리며 집으로 들어온다. 그때까지도 마누라는 들어오지 않았다. TV를 켜놓고 건성으로 보다가, 울며 소매깃 부여잡는 낙랑공주가 있는 것도 아니고, 도연명처럼 돌아가 가꾸어야 할 황폐한 전원田園이 있는 것은 아니지만, 홀로 조용히 살면서索居閒處, 세상일 잊고 자연 속에 한가롭게 즐기고자散慮逍遙 시골에 자그마한 오두막도 마련해 놓았는데, 이 무슨 청승인가? 하는 비감이 들면서 냉장고를 열어 언제든지 가져갈 수 있도록 마련해 놓은 밑반찬 몇 가지를 배낭에 주워담고는 "나 간다." 하는 메모를 남기고 집을 나선다. 그런 것보다 더 나를 괴롭히는 것은 생각지도 않은 병들이 여기저기 생긴다는 것이다. 아침에 먹는 약만으로도 배가 부르다. 그뿐만 아니다. 젊었을 때 착하고 얌전하던 마누라가 별일 아닌데도 목소리를 높이는 일이 잦아지고 있다. 여자는 늙을수록 남성호르몬이 많아서 나날이 거칠어지고 남자는 반대로 여성 호르몬이 많아져 여자처럼 얌전해진다는 것이 그냥 속설이 아니라 통설인 모양이다. 또 아내가 나가는 모임의 대다수의 여자들의 남편은 왜 그리 모두 착한지……. 아내는 부러워 죽는다. 집안 청소는 물론이고 어쩌다 모임이 늦어지더라도 아무 불평 없이 밥까지 해 놓고 기다리는 남편들이 대다수라는 것이다. 마치 공주 모시듯 여편네를 위한다는데 자기 영감은 손 하나 까닥 안 하고 마누라가 조금만 늦게 들어와도 입이 한 발이나 나와 자기를 힘들게 한다며 나를 천하의 몹쓸 놈으로 치부해 버린다. 그런데 오랜만에 마누라 칭찬 받을 만한 일을 해 놓고 늦게 들어온 아내에게 자랑이라도 할라치면 "그런 것, 안 해주는 남자가 어디 있는 줄 아느냐."며 되레 큰 소리로 면박을 주고 무안을 주며 한심한 듯 쳐다본다. 그런 것들이 알게 모르게 사람을 쓸쓸하게 한다. 보통, 여자들은 주거지 기준으로 아무런 선입견 없이 형님, 동생하면서 잘도 어울리면서 즐겁게 사는 데 비해, 남자들은 대개가 지연, 학연 등을 매개로 모이다 보니 화제話題의 대부분이 정치 이야기이거나 왕년의 자기 자랑이기 십상이다. 험한 세상을 어렵게 살아온 기타의 사람들이나, 생각이 다른 사람들과의 말다툼도 잦아 서로 입을 삐죽거리고 기피하고 욕한다. 이런 모임이 몇 번 계속되다 보면 모임 자체가 성립되지 않는 경우가 허다하다. 그래서 남자들은 늙어지면 외롭다.

물론 이 나이에도 즐겁게 사는 인생들이 없는 건 아니겠지만, 삶이 지겹고 허망하다는 생각마저 든다. 마치 허물어져 가는 폐가廢家 같다는 생각도 지울 수가 없다. 이쯤에서 생을 마감해도 아름다울 텐데……. 하며 시골 집 소파에 누워 있을라치면 뜻밖에도 까마득하게 잊고 지냈던 외롭고 고단했던 지난 삶의 한순간들이 바로 어제 일처럼 생생하게 기억된다는 것도 이미 늙었다는 또 다른 증표일 것이다. 거친 세상을 떠돌며 어지간한 고생도 독한 마음으로 이겨냈건만 이제 와서 어쩌자고 자꾸 눈물이 나는 걸까. 함께 살아도 편하질 않고, 혼자 살자니 적막강산이고 어찌 살아야 할 것인가? 사는 것이 우울하다. 혼자 누워 천장을 올라다 보면서 황지우의 시詩를 읊조리며 아내의 무심無心을 털어낸다.

살아가는 일이 그대 얼굴의 주름을 늘리는 일이다. 이제 남은 일은 그대와 더불어 최선을 다해 늙는 일이다. ……. 우리가 그렇게 잘 늙은 다음, 힘없는 소리로 "임자 우리 괜찮았지?" 라고 말할 수 있을 때, 그때나 가서 그대를 사랑한다는 말은 할 수 있는 말일 거야."

—시 〈늙어가는 아내에게〉 일부

월요일은 대체로 그러하다. 그렇다고 다른 날은 즐거운가? 그것도 아니다. "인생은 고해다."라는 말은 진리다.

장기오의 〈Gloomy Monday〉

허상문

한 해가 마무리되어 갈 즈음에 생각나는 영화가 헝가리 부다페스트를 배경으로 펼쳐지는 〈Gloomy Sunday〉이다. 영화는 시종 한 여자와 세 남자의 외줄 타기 같은 사랑, 질투, 사업이 얽혀지는 '우울한' 분위기 속에서 진행된다. 인물들은 누구 하나라도 없으면 안 되는 현실을 인식하고 "하나가 죽으면 모두 죽는 것과 같다."는 완전한 일체감에 사로잡히게 된다. 인간 세상에 존재하는 모든 감정이 살아있는 듯 다양한 심리적 변화를 느낄 수 있게 하면서 영화는 박진감 있게 전개된다. 인간의 자존심과 존엄, 슬픔과 허무주의 등 영화 안에는 무수히 많은 감정을 느낄 수 있게 장치되어 있다. 우리 자신에게 흔히 벌어지고 있지만, 애써 잊고 기만하며 살아가는 여러 감정이 강렬하게 영화

속에서 조명된다.

장기오의 수필 〈Gloomy Monday〉는 영화 'Gloomy Sunday'의 패러디라고 불러도 좋을 직하다. 〈Gloomy Monday〉에는 작가의 삶에 대한 갈등의 모습이 전면적으로 드러난다. 작품에서 화자는 현실적 삶의 욕망에서 결코 자유로울 수 없는 현대인의 양가적 모습을 그대로 보여준다. 노년에 이른 그의 시선에 포획되는 것은 안정된 가정과 행복의 일그러진 모습이다. 한때는 모든 사람의 존경을 받으며 어디에서도 반겨주던 사회인이었지만 이제는 아무도 찾지 않는 신세가 되어 있다. 이처럼 생활인으로서의 삶의 이중성이야말로 작품에서 그려지는 갈등의 대립 구도인 동시에 귀결점이 된다. 마치 동전의 양면처럼 화자가 놓인 현실의 두 차원은 결국 취사 선택될 수 없다는 것이 이 작품의 의미가 닿는 곳이다. 집에서 나온 화자가 이곳저곳 다니다가 혼자 식사를 하고 다시 귀가하는 원점 회귀형 구조는 삶의 원형적 모습과 의미를 부각하는 장치로 기능한다. 여기서 우리가 주목해야 할 것은, 작가가 만들어낸 삶의 좌표에서 화자가 현실과 만나는 갈등의 모습이다. 화자가 일과를 보내기 위해 여기저기를 돌아다니면서 누군가를 만나고 구경하면서 획득한 현실의 모습은 그의 내면에 엄청난 갈등을 불러일으킨다. 이 갈등은 화자에게 "찾는 사람 하나 없이 비명을 지르며 황야를 건너는 기분"을 일으킨다.

> 남의 눈도 있으니까 체제유지용 품위를 유지할 목적으로 데리고 살 뿐이라는 눈치도 역력하다. 마누라뿐만이 아니라 세상 어디에서도 더 이상 나를 필요로 하지 않는다는 기분이 든다. 그렇다면 나는 뭔가? 그냥 산다. 살았으니까 산다. 삶은 필요한 동안만 서로 어깨동무를 할 뿐, 결국은 그 어떤 인생도 모두가 개별적個別的이라는 생각마저 든다. 전화 한 통 없이, 찾는 사람 하나 없이 비명을 지르며 황야를 건너는 기분이다.

황혼길에 접어든 남자에게 가정과 부부란 무엇인가. 가정과 가족은 그 자체로 최소한의 인간 생존의 단위이다. 한 사회의 구성인자로서 개인은 일차적으로 가정을 통해 자신의 삶을 형성한다. 또한 가족은 그 가족이 처한 시대와 지역에 따라, 즉 시간과 공간에 따라 다양한 양상을 나타내며 존재하는 것이 특징이다. 특히 현대에 이르러 가족 구조는 형태의 외적 변화뿐만 아니라 기능과 가족원의 역할에 이르기까지 급속도로 변화하고 있다. 이 과정에서 가정의 파괴나 혼란은 개인적 삶의 혼란을 불러일으키며, 그것은 실존적 차원으로 파급되어 간다. 이 점에서 가족의 문제는 단순하게 한 가정의 문제에만 국한되는 것이 아니라 인간 삶의 본질적 문제를 포괄하는 총체적 갈등의 양상으로 나타난다. 이런 갈등에 직면하게 될 때 인간은 '나는 누구인가?'라는 존재론적 회의에 직면하게 된다. 그리하여 우리는 "삶은 필요한 동안만 서로 어깨동무를 할 뿐, 전화 한 통 없고 찾는 사람 하나 없다. 결국은 그 어떤 인생도 모두가 개별적個別的이라는 생각"을 가질 수밖에 없다.

당연한 이야기이지만, 한 편의 문학 작품이란 작가의 삶을 반영한 것이며, 이 속에서 작가의 삶의 갈등은 구체화한다. 따라서 작중인물의 갈등 양상을 분석하는 것은, 작품의 주제의식뿐만 아니라 작가의식의 지향성을 고찰하는 데 필요한 작업이다. 라캉의 어법을 빌리면, 의식은 언어로 구조화되어 있으며 언어로 욕망하는 것이고 무의식마저도 언어로 구조화되는 것이기 때문이다. 문학작품은 작가의식이 집적된 결정물이라 볼 수 있으며, 따라서 작품 속에서 작가의식의 지향성을 추적하는 것은 갈등구조를 도출해내는 작업에 다름 아니다. 〈Gloomy Monday〉에서 작가가 느끼는 핵심적 갈등은 사람이 늙어지면 외롭다는 것, 외로운 삶의 모습은 "허물어져 가는 폐가廢家"와 같은 것이라고 생각하는 데 있다.

> 물론 이 나이에도 즐겁게 사는 인생들이 없는 건 아니겠지만, 삶이 지겹고 허망하다는 생각마저 든다. 마치 허물어져 가는 폐가廢家 같다는 생각도 지울 수가 없다. 이쯤에서 생을 마감해도 아름다울 텐데……. 하며 시골 집 소파에 누워 있을라치면 뜻밖에도 까마득하게 잊고 지냈던 외롭고 고단했던 지난 삶의 한순간들이 바로 어제 일처럼 생생하게 기억된다는 것도 이미 늙었다는 또 다른 증표일 것이다. 거친 세상을 떠돌며 어지간한 고생도 독한 마음으로 이겨냈건만 이제 와서 어쩌자고 자꾸 눈물이 나는 걸까. 함께 살아도 편하질 않고, 혼자 살자니 적막강산이고 어찌 살아야 할 것인가? 사는 것이 우울하다.

마침내 작가는 월요일의 삶이 그렇듯이 다른 날도 즐거운 날이 쉽지 않을 것이라는 생각과 함께 "인생은 고해다."라는 결론에 도달한다. 작가는 외롭고 쓸쓸한 시간의 흐름 속에서 삶의 행로를 바라보면서 그 모습을 독자들에게 솔직담백하게 보여주고 있다. 때로는 흥미롭게 때로는 진지함이 깃들어 있는 그의 문체와 그 속에 담긴 삶에 대한 깊은 사색은 읽는 내내 우리를 우울하면서도 깨어있게 한다. 이것은 작가의 독특한 진술 화법을 통해서 나오는 것이라 할 수 있다.

현실에 대한 작가의 진술은 소극적으로 피하거나 안으로 숨어들지 않고 '말하는 주체'를 통해 자신의 심정과 체험을 솔직하게 현시하는 전략적 의도를 드러낸다. 장기오의 수필 창작은 억압된 내면을 끌어올려 글로 표현함으로써 자신의 억압을 해소하는 방어 기제적 기법을 마련한다. 이는 그의 수필 속에 자신의 현실 문제에 대한 심리적 갈등을 사실적으로 드러냄으로써 오히려 그러한 상황을 극복하고자 하는 것으로 보인다. 인간의 모든 사고와 행위는 심리적 동기에서 비롯된다. 문학작품은 당연히 삶의 표현이며 그 심리적 형태이고, 작품 속에 드러나는 갈등구조는 작가 의식을 구체화한 상위 텍스트이다. 〈Gloomy Monday〉에서 장기오의 글쓰기는 '말하는 주체'가 가진 내면심리의 갈등구조를 있는 대로 잘 표현해냄으로써 성공한 텍스트로 남는다.

쇼팽과 참새

나는 아침에 일어나면 먼저 TV부터 켜고 뉴스를 챙긴다. 대강 간밤의 뉴스를 일별한 후, 클래식 채널로 넘어간다. 외국에 서브를 둔 채널 하나(Classica)와 국내에 서브를 둔 채널(Arte)이 있다. 이리저리 돌리면서 내가 좋아하는 음악을 골라 들으면서 간단한 아침식사를 한다.

어느 날, 그날도 여느 날과 다르지 않게 아침식사를 하면서 음악채널을 보고 있는데 다니엘 바렌보임(Daniel Barenboim)이 연주하는 쇼팽(Chopin)의 〈피아노 협주곡 1번〉이 나오는 것이다. 나는 이 음악을 좋아할 뿐더러 바렌보임의 카리스마도 높게 평가한다. 쇼팽이 조국 폴란드를 떠나기 전에 작곡했다는 이

곡은 '로망스'라는 이름이 붙을 만큼 아름답고 낭만적이다. 첫 사랑이었던 소프라노 콘스탄치아에 대한 연모의 정을 담은 만큼 낭만적이고 우울하기도 하다. 잔잔한 오케스트라의 울림 위에 흐느끼듯 몸부림치며 때로는 끊어질 듯 이어지는 피아노의 음률이 감미로움의 극치를 이루는 1번은 신선한 아침만큼이나 상큼하다.

조용하고 느린 2악장이 시작되자 창窓 데크(deck) 쪽으로 참새 한 마리가 날아와 앉더니 리듬에 맞추는 듯 고개를 까딱까딱하는 거였다. 그냥 그런 동작을 했겠지만 발라드의 감미로운 선율에 맞춰 마치 춤추는 듯 보였다. 저 참새는 '시적詩的 표현의 녹턴'을 아는구나 하는 생각이 들면서 참새를 한참 쳐다보았다. 그러자 또 한 마리의 참새가 날아 와 짹짹거리면서 둘 다 리듬에 맞추어 춤추듯 했다. 부부인가? 아침에 무도회를 하는 건가? 신기하기도 해서 한동안 그 참새들과 눈을 맞추며 귀로는 음악을 들었다. 지극히 작고 하찮은 일이긴 하지만 이런 것들에서 의미를 찾고 흐뭇해하며 사는 것이 시골 사는 재미다.

바렌보임의 능숙한 테크닉, 유니크한 해석, 극적인 연주도 보는 눈과 귀를 즐겁게 했다. 그는 세계적인 피아니스트인 동시에 지휘자다. 2011년에는 임진각에서 평화의 콘서트를 개최하기도 했다. 그런 자신감이 그를 그렇게 만들었는지는 모르지만 일면 건방져 보이기까지 한다. 모든 지휘자들은 나름대로의 자긍심을 가지고 있다. 또 그런 자긍심이 없다면, 개성이 각각이고 나름대로 대가大家연하는 악단들을 휘어잡을 수 없을지도 모른다.

대단한 카리스마 지휘자로는 카라얀(Herbert von Karajan)을 꼽는다. 카라얀의 자긍심과 카리스마는 유명하다. 마음에 들지 않는다고 베를린 필 단원들에게 손찌검까지 서슴지 않았다고 한다. 또 그는 악보를 보지 않고 눈을 감고 귀로만 듣고 지휘한다. 이에 대해 크나퍼츠부슈(Knappertsbusch) 같은 재야의 고수高手는 "나는 악보를 읽을 줄 알기에 악보를 보고 지휘한다."고 비아냥거렸다.

게오르그 솔티(Georg Solti), 레너드 번스타인(Leonard Bernstein), 카라얀이 만나서 자신만이 세계의 최고의 지휘지라고 자랑했다는 일화가 있다. 실제로 있었던 일인지 누가 지어낸 말이지는 모르지만, 솔티는 자신은 헝가리 출신인데도 세계음악계에 끼친 공로를 인정받아 영국여왕이 기사작위를 부여했다고 자랑했고, 번스타인은 1958년부터 14년 동안 53회에 걸쳐

'청소년 음악회'를 개최한 사실을 열거하며 "꿈에 음악의 신 뮤즈가 나타나서 나야말로 금세기 최고의 음악가이며 지휘자라고 말해주었다."고 으스댔다. 그러자 그때까지 말없이 듣고만 있던 카라얀은 나직이 그리고 간단하게 한마디 던졌다고 한다. "나는 당신에게 그런 말 한 적 없는데." 대단한 자만심이다.

나의 주관적인 견해에 불과하지만 카라얀의 사후 세계 음악계는 다니엘 바렌보임과 클라우디오 아바도(Claudio Abbado)로 양분되었다고 생각한다. 아바도는 착하다. 지휘자의 카리스마에 대해 아바도는 "유명한 지휘자일수록 본인의 주관을 표현하기 위해 독단적 스타일을 고집하는데 나는 보스가 아니다. 우리(지휘자와 단원)는 함께 일할 뿐"이라고 했다. 아바도는 단원들을 배려해서 지휘하는 민주적 스타일이라는 평이다. 온화한 미소와 함께 그의 음악은 항상 따뜻했고 평화스럽다. 그도 이미 고인이 되었다. 그 외 차세대 주자로는 열정적이면서 다소 희극적으로 보이는 안드리스 넬손스(Andris Nelsons) 등이 있다.

우리 음악계도 그와 비슷한 사례들이 있다. 좋지 않은 스캔들로 그만두었지만 정명훈 같은 지휘자는 카리스마가 철철 넘친다. 그도 악보를 보지 않고 전곡을 다 외워서 지휘한다. 그는 아시아의 3대 음악가 중 하나다. 일본의 지휘자 오자와 세이지, 중국의 피아니스트 랑랑, 그리고 한국의 정명훈이다. 안타깝다. 반대로 금난새 같은 지휘자는 부드럽고 온화하다.

나는 세상이 두렵고 무서울 때, 그리고 차갑고 쓸쓸할 때, 어떤 시인의 시詩처럼 차이콥프스키의 〈비창〉을 듣는다. 노을은 환상처럼 번지는데 문자 하나, 전화 한 통 없을 때, 혼자 있다는 것이 새삼 슬픔으로 다가올 때, 나는 모차르트의 클라리넷 협주곡 2악장을 건다. 그리고 느닷없이 돌아가신 어머니가 생각날 때, 이연실이 부르는 〈찔레꽃〉을 듣는다. "엄마 품이 그리워 눈물 나면 마루 끝에 나앉아 별만 셉니다." 기어이 술이라도 한 잔해야 잠들 수 있다. 그리고 비는 추적추적 내리고 생각은 한없이 깊어질 때 쇼팽의 〈피아노 협주곡 1번〉에 빠져든다. 그리면서 외친다. "편안해지자. 편안해지자. 참새도 저러하거늘, 즐겁게 살자."

나는 이렇게 8년째 시골에서 살고 있다.

새벽의 차이콥스키

문병란

새벽에 깨어나 혼자 듣는
차이콥스키의 비창
가늘은 현악기의 끝에
아리게 떨리는 알레그로
내 고독한 영혼도 따라 울고 있다
… 중략 …
세상은 얼마나 쓸쓸한가
사랑하는 사람의 손길도 없이
눈 내리는 이 새벽
혼자서 듣는 차이콥스키
나도 한 마리의 귀또리처럼 운다
… 후략 …

손녀의 반란

맞벌이하는 아들 내외로 하여 한동안 손녀를 우리 부부가 키웠다. 그들이 야근이라도 할라치면 우리는 손녀를 눕혀 놓고 〈호랑이와 곶감〉 같은 동화를 이야기 해 주면 그 이야기가 끝나기도 전에 스스로 잠이 들곤 했고, 또 잠이 올라치면 〈호랑이와 곶감〉 이야기를 해 달라고 조르곤 했다. 그러면 그 이야기를 자장가 삼아 잠이 들곤 했다. 잠든 손녀의 얼굴이라도 비빌라치면 풋풋한 사과 냄새가 났다.

시들시들 늙어가는 것이 지겹고, 산다는 것이 하등 재미없던 시절에, 손녀는 천사 같았다. 내가 외출했다 돌아와 손녀가 노는 방을 빼꼼이 열고 들여다보면 손녀는 두 주먹을 불끈 쥐고

다리를 있는 대로 뻗대며 '까악—.' 하고 소리를 내질렀고 나도 마주 '까악' 하고 맞대응을 하면 손녀는 두 팔을 활짝 벌리고 번개같이 달려들어 나에게 안겼다. 내가 덥석 안아주면 엉덩이를 들까불며 좋아했다. 그런 아주 예쁘고 천진한 시절에 나는 1960년대 노래 "꽃집의 아가씨는 예뻐요. 그렇게 예쁠 수가 없어요."라는 노래를 패러디해 "우리 집 윤진이는 예뻐요. 그렇게 예쁠 수가 없어요." 하며 손녀를 꼭 껴안고 토닥거려 주면 손녀는 댓바람에 손사래를 치면서 그런다. "할아버지 틀렸다." "왜?" 하고 물으면 "할아버지 잘 들어요." 그러면서 목소리를 가다듬어 이렇게 노래한다. "우리 집 윤진이는 예뻐요. 그렇게 예쁠 수가 있어요. 이렇게 하는 거야." 한다. 나는 파안대소를 하고 손녀 말대로 "……그렇게 예쁠 수가 있어요." 하면 싱긋이 웃으며 내 볼에 뽀뽀를 해주었다. 그렇게 손녀는 애교만점이었다. 그러다 유치원에 들어가면서 달라졌다. 어느 날 하학버스를 기다렸다가 손녀의 손을 잡고 집으로 가는데 마트 앞에서 딱 걸음을 멈추고 나를 쳐다봤다. 대부분 마트 앞을 그냥 지나치는 법이 없다. 나는 시침 뚝 떼고 "왜?" 하면, "저기 한 번 들어 가보자!" "뭐하려고?" 하면 "뭐가 있는지 한 번 가보자." 하고는 쪼르

르 뛰어 들어가 버린다. 나도 어슬렁거리며 따라 들어가면 제가 먹고 싶은 과자 매대 앞에 딱 서서 나를 기다린다. 그렇게 과자 하나를 집어 들고 손을 잡고 집으로 오면서 오물오물 먹는데 그게 여간 귀여운 게 아니다. 그래서 또 노래를 불러준다. "우리 집 윤진이는 예뻐요. 그렇게 예쁠 수가 있어요." 하고. 그런데 어느 날 이변이 있어났다. "할아버지, 아니다." "왜." "……그렇게 예쁠 수가 없어요. 하는 거야." '이제야 말뜻을 알기 시작하는구나.' 하며 대견스러워 했다.

그러다 둘째가 태어나면서 우리 부부가 애들 돌봐줄 힘이 부친다는 핑계로 딸 부잣집 처가 식구들이 함께 옹기종기 모여 사는 일산으로 아들네가 이사 가버렸다. 그래서 명절 때가 되어야 겨우 얼굴 한 번 볼 수 있다. 떨어져 사니 자연히 정情이 그전만 못하다. 그러나 목소리라도 한 번 듣고 싶어 전화를 가끔 하곤 한다. 초등학교에 들어간 손녀는 처음에는 조잘조잘 학교 이야기. 짝꿍 이야기 등등을 곧잘 하더니 어느 날 오랜만에 전화를 했더니 댓바람에 이런다.

"할아버지, 왜 전화했어?" "응, 윤진이가 보고 싶어서 전화했지." 그러자 손녀가 "할아버지, 나 지금 바쁘거든. 전화 끊어요."

하고는 찰깍 전화를 끊어 버린다.

나는 어안이벙벙해 전화기를 들고 한참을 그러고 있었다. 대견스럽기도 했지만 무엇으로 한 대 얻어맞은 것 같았다. 엄청 서운한 마음으로 소파에 맥없이 앉아 있는, 그런 내 얼굴을 마누라가 보더니 고소하다는 듯이 깔깔 웃는다.

"섭섭해?"

"허, 참."

"실망했어?" 한다.

나는 속으로 그랬다. "못 본 사이에 커 버렸구나." 하며 스스로를 위로했지만 며칠을 두고 마음이 서늘했다. 마누라는 이를 두고 지금도 놀려댄다. '당신이 쌜쭉해서 앉아 있는 모습이 가관이었다.'고.

이후 나는 걸려온 전화는 받아도 내가 먼저 손녀에게 전화를 하질 않는다. 어쩌다 다른 일로 자식들과 통화를 하고 윤진이를 바꾸어줘도 손녀는 그 전처럼 미주알고주알 깔깔대면서 할아버지에게 일러바치듯 조잘대지를 않는다. 이제 슬슬 자기 세계를 갖기 시작한 것이다. 뿌듯한 마음이 없는 건 아니지만 너무 일찍 그런 것 아닌가 싶기도 하다. 그나마 그런 일에 재미를 붙이고 살았는데 그마저 없어지니 적막강산이 따로 없다. 나는 시골에서 무슨 대단한 일이라도 하는 양 하루 종일 입을 다물고 책이나 읽으면서 소일하고, 마누라는 무엇이 그리 바쁜지 집에 붙어있지를 않는다.

아, '인생은 고달프다.'는 옛말이 하나도 틀리지 않는구나. 70에 비로소 깨닫는다.

그러함에도 불구하고 손녀를 생각하면 웃음이 저절로 나오는 것이 그래도 낙이라면 낙樂이다.

2
부

생애 최초의 특종

처음 방송국에 발령을 받았을 때, 당시 중앙방송국장(지금으로 치면 KBS사장)이 면접 때 내게 물었다. 왜 방송국에 들어왔느냐고. 나는 스스럼없이 대답했다. PD가 되고 싶어서 왔다고. 그는 픽 웃었다. "PD, 그거 아무나 하는 거 아니야." 하며 마치 핀잔주듯 말했다. 그리고는 행정직에 발령 내버렸다. 나는 돌고 돌아 겨우 PD로, 그것도 라디오 PD로 정착한 것은 입사한 지 5년이 지난 뒤였다. 내가 첫 번째 맡은 프로가 녹음구성프로였다. TV로 말하면 다큐멘터리 같은 프로다. 특별한 공연이나 행사가 있으면 찾아가 출연자들의 각오도 듣고 관람객들의 소감도 녹음해 음악을 곁들여 프로그램을 만드는 것이다. 그런 이벤

트마저도 없으면 봄이 오면 봄이 오는 거리 풍경 등을 스케치 하는 심심하기 짝이 없는 소재들을 바탕으로 PD 두 사람이 번갈아가며 이틀에 한 편씩 만드는 것인데 이게 보통 고단한 것이 아니었다. 하루 종일 거리를 돌아다니며 녹음 따고 밤중에 사무실로 들어와 밤새워 편집하고 PD가 직접 원고도 써 이튿날 아침에 성우 불러 녹음하고 바로 다음 프로 결재 올려 승인 받고 다시 취재 나가야 한다. 밤새우는 일이 비일비재했다. 그렇다고 고생한 만큼 빛이 나는 것도 아니었다.

그러던 어느 날 특명이 떨어졌다. 사상최초로 조총련 재일동포들이 한국 땅을 밟는데 조국의 발전상에 감탄하는 그들의 육성을 따 프로로 만들라는 것이다. 중앙정보부에 내 이름이 들어갔고 며칠 후 프레스카드가 나왔다. 나는 수많은 기자들 틈에 끼어 김포공항 비행계류장까지 들어갔다. 그러나 어림없었다. 근처에 갈 수조차 없었다. TV취재는 카메라를 줌 인(zoom in) 시켜 그들이 내리는 장면 같은 것을 잡을 수 있었지만 라디오는 녹음기 하나로 무엇 하나 할 수 있는 게 없었다. 그들 조총련 재일동포들은 곧바로 국립극장으로 이동해 축하공연을 보았다. 거기서 나는 전 공연을 다 녹음했다. 그러나 재일동포들의 육성을 딸 수가 없었다. 중정요인들이 빈틈없이 감싸고 있어 접근을 할 수가 없었다.

아무런 소득도 없이 밤 10시가 넘어 사무실로 들어왔다. TV 뉴스를 틀어보았다. 그들도 마찬가지였다. '사실 보도' 이외 그 어떤 인터뷰도 없었다. 우선 안심이 되었지만 난감했다. 뉴스를 통해 그들이 KBS 방송국(당시는 남산) 바로 밑에 있는 세종호텔에도 분산 수용되어 있다는 사실을 알게 되었고 나는 혹시나 하는 심정으로 녹음기를 둘러메고 어슬렁거리며 내려갔다. 예상대로 정문 앞에는 중정요원으로 보이는 사람들이 서서 날카로운 눈초리로 사방을 살피고 있었다. 나는 혹시나 해서 호텔 담장을 따라 중앙극장 쪽으로 산책하듯 걸었다. 그런데 담장이 거의 끝나가는 지점에서 말소리가 들렸다. 이북 말이었다. 나는 순간 발을 멈추고 귀를 바짝 들이댔다.

그들이었다. 심심해서 거리구경이나 할 요량으로 나왔다가 중정요원의 제지에 나오지 못하고 뒤뜰에서 담배 한 대 피워 물고 잡담들을 하고 있을 것으로 추정되었다. 나는 휴대용녹음기 녹음 버튼을 눌러 담장 위에 살며시 올려놓았다. (당시의 세종호텔은 내가 팔을 뻗으면 손이 닿을 수 있을 만큼 담장이 낮았다.) 그리고는 혹시나 중정요원들이 순찰을 돌지도 모르는 만큼 나는 길 건너편으로 건너가 그쪽을 지켜보았다. 밤 12시 정도 되어 녹음기를 거두어 방송국으로 돌아왔다. 침을 삼키고 조심스럽게 처음부터 플레이해 보았다. 차 소리 등등에 알아들을 수 없는 말들도 있었지만 몇몇 말들은 비교적 또렷했다. 자기들이 알고 있던 남조선이 아니라며 한국의 발전상에 놀랐다는 이야기들이었다. 나는 흥분했다. 밤새워 편집하고 큐시트까지 만들었다. 감동적인 국립극장 공연실황 몇 컷을 넣고 그들의 녹음된 대화를 삽입했다. 마치 국립극장 공연을 보고 난 후 바로 녹음한 것처럼 보였다.

이튿날 아침, 나는 국장이 출근하는 대로 보고했다. 국장은 흥분했다. 사장주재 간부회의 석상에서 이 사실이 보고됐다. 보도국에서 난리가 났다. 기자도 아닌 PD가 특종을 했는데 너희들은 도대체 뭐하는 놈들이냐고 보도국장은 심한 질책을 받았다. 우리 국장은 어깨가 으쓱해졌다. 나의 최초의 특종이었다. 나는 그 프로로 인해 생애 처음으로 비록 사내社內에서 주는 상이지만 '우수 프로그램상'을 받았다.

이 특종은 우연히, 운 좋게 얻어진 것이기는 하지만 만일 내가 포기하고 퇴근했더라면 얻어질 수 없는 것이었다. 나의 성실과 끈기가 만들어 낸 특종이었다.

그 이후 국장은 나를 전적으로 신임했고 특별한 이벤트가 있을 때마다 나에게 특집프로그램 지시를 내리곤 했다. 그러나 나의 꿈은 그게 전부가 아니었다. 나는 기회 있을 때마다 드라마 연출을 시켜달라고 졸랐다. 그러기를 몇 년, 나는 드디어 드라마 연출을 맡았다. 나는 배정받은 즉시 새로운 프로를 기획했고 그 일일 시추에이션 드라마는 대성공을 거두었다. 그러나 라디오 드라마 연출은 내가 당초에 바랐던 그런 모습이 아니었다. 누가 들어주는 사람도 없고 잘 만들어도 칭찬해 주는 사람도, 못 만들었다고 크게 질책하는 사람도 없었다. 관심 밖이다 보니 모두들 타성에 젖어 있는가 하면 그때까지 몰랐던 당당치 못한 풍조들이 하나 둘 눈에 들어왔다. 나는 크게 실망했다. 나는 또 다른 탈출 즉, TV에의 탈출을 시도했다.

당시 TV드라마 파트에는 TV국장도 손 댈 수 없는 나이가 지극한 선임 연출자 세 사람이 있었다. 나는 그중 한 분을 찾아가 정중하게 읍소했다. 그는 성질이 고약해 그의 밑에서 모두들 일하기를 꺼려하는 기피연출자 중의 한 사람이었다. 그는 '드라마는 하고 싶은 사람이 해야지.' 하면서 인사권이 있는 국장을 먼저 설득하면 자기 조연출로 받아주겠다는 언질을 주었다.

사과상자를 들고 윗사람의 집을 찾아간 건 내 생애에 전무후무한 일이었다. 그렇게 6개월 이상을 쫓아다닌 결과 나는 간신히 TV로 정착했다. 비교적 라디오에서 그런대로 성실히 일했고 평판 또한 나쁘지 않았기 때문이기도 했다. 라디오에서 TV로 옮겨간 최초의 PD였다.

그리고 아무 말도 하지 않았다

내가 국장으로 임명된 지 2개월도 채 되지 않아 IMF가 터졌다. 그전까지 치열한 시청률 경쟁으로 인해 인기 작가, 인기 탤런트 중심의 경쟁모드였지만 IMF 터진 이후부터는 그런 인기조합은 거의 무용無用했다. 시청자들은 갑자기 근엄해졌고 야박해졌다. 회당 수천만 원을 주고 캐스팅한 탤런트들은 시청자의 외면을 받았고 호화드라마에 대해 거친 비난까지 서슴지 않았으며 시청률은 곤두박질쳤다. 방송국도 하루아침에 절약모드로 전환했다. 교양프로나 쇼 프로 등 주간 단위로 기획되는 프로그램의 경우는 그런 변신이 가능했다. 그러나 드라마는 짧아도 최소가 6개월 단위로 기획되고 방송된다. 더구나 전임 국장이 기획한 프로가 이제 막 2개월이 지났을 뿐이었다. 나는 매일 아침 간부회의에서 얻어터졌다. 첫째, 가장 중요한 프로인 주말 연속극에 대한 시청률 부진의 질책과 제작비 절감 노력의 미비 등이 회의의 주 의제였고 잇달아 전체 드라마에 대한 비판이 쏟아져 나왔다. 나는 억울하기 짝이 없었다. 내가 기획한 프로도 아니고 내 취향도 아닌, 그런 캔디같이 달콤하고 치기어린 드라마 취향이 아니었기 때문이다.

매일 아침마다 열리는 간부회의에 들어가는 것이 마치 도살장으로 끌려가는 것 같았다. 제작본부장도 전임 국장의 기획을 승인해 놓고 자기는 마치 아무 상관없는 것처럼 독설을 퍼붓곤 했다. 회의를 마치고 나오면 혈압이 거의 200mmHg 가깝게 치솟았다.

그러던 어느 날 드디어 사장 주제의 전체 간부회의가 소집되었다. 회의는 제작비 30% 절감방안 대책회의였다. 50명이 넘는 간부들이 자리를 같이하고 저마다 절약 방안을 사장에게 보고하는 것이다. 교양프로나 쇼 프로 간부들은 당장 내일부터 비교적 값싼 출연자들을 섭외, 출연시키면 된다. 그러나 드라마는 이미 맺은 출연계약을 폐기하고 재계약을 해야 한다. 출연 탤런트들이 여기에 응할 이유가 없을뿐더러 방송국 3사가 단합하여 똑같은 금액을 제시한다면 몰라도 KBS만 그런다면 응할 하등의 이유가 없다. 최악의 경우, 탤런트들이나 작가들의 출연 거부로 드라마 제작이 중단될 수도 있다.

나는 그런 이유를 설명하고 제작 방향을 스튜디오 제작 위주로 전환하여 야외촬영 일수를 줄이고 촬영장비의 적절한 사용 등을 골자로 하는 절약 방안을 제시하며 30%는 곤란하고 10%의 절약은 가능하도록 노력하겠다고 보고했다. 사장은 나를 한참 노려보더니, "장 국장, 지금 농담하는 겁니까?"

나는 각오는 했지만 아무 말 못하고 고개를 숙이고 말았다. "대답하세요. 이 회의가 농담하는 자리입니까." 나는 정면 대응을 해야겠다고 마음먹고 사장을 똑바로 쳐다보며 말했다. "드라마는 KBS만 하는 게 아닙니다. MBC도 SBS도 합니다. 우리만 그렇게 한다면 탤런트들은 떠납니다. 꼭 그렇게 해야 한다면 방송3사가 단합을 해야 가능합니다. 그렇지 않으면 불가능합니다. 그리고 30%의 예산절감으로도 드라마 제작이 가능하다면 그것은, 지금까지는 쓰지 않아도 되는 곳에 흥청망청 돈을 썼다는 말이 되기도 합니다."

사장은 얼굴이 벌게지는 듯하더니 "그래서 못하겠다는 겁니까?" "못하겠다는 것이 아니고……." "회의 그만합시다." 사장이 일어나 나가버렸다. 찬물을 끼얹은 듯 좌중은 조용했다. 회의는 그렇게 끝나고 말았다. 나가는 간부 몇몇은 나를 쳐다보며 혀를 끌끌 찼다. 사무실로 돌아온 나는 책상을 정리했다. 인사조치 당할 각오를 했다. 인사부의 전화를 기다렸다. 그날은 아무도 내 방에 들어오는 직원이 없었다. 결재를 받으러 오는 직원도, 비서도 차 한 잔 들여놓은 일도 없었다. 사무실 전체가 깊은 침묵에 잠겼다. 퇴근이 가까워왔는데도 연락이 없었다. 밤 8시쯤 해서 전화가 왔다. 모 여女국장이었다. 자기가 지금 사장실에 결재 들어갔다 나왔는데 사장이 "장 국장 말이 틀린 말은 아니지." 하더라는 것이다. 그러면서 여 국장은 또 그랬다. "장 국장은 다른 사람들이 못 할 말을 대신 한 거예요." 하며 격려해 주기도 했다.

나는 당시에는 어찌어찌 화를 면했지만 정권이 바뀌고 사장도 바뀌면서 수난은 계속되었다. KBS가 명분상 가장 소중하게 여기는 프로가 '대하드라마'다. 그리고 이 드라마는 대체로 외부 연출자가 아니라 내부 연출자에게 맡겨지는 것이 통례다. 그런데 퇴직한 선배 한 분이 정치권에 압력을 넣어 그 드라마 연출 청탁을 해 온 것이다. 그 선배는 재직 당시에도 좋지 못한 소문이 많은 문제 연출자 중의 하나였다. 나는 단호히 거부했다. 그리고 덧붙여 정치판을 향해 '정치나 잘할 일이지 찬밥, 더운 밥 안 가리고 다 먹으려 한다.'고 불평을 했다. 그런데 이 말을 누가 정치권 실세에게 전한 것이다. 난리가 났다. 본부장이 불려가 야단을 맞고 당장 내 목을 자르라는 지시를 받았다. 그날 본부장은 나를 부르더니 빠른 시일 내에 그들을 찾아가 사과하라고 충고했다. 나는 실세 비서를 찾아 내가 그런 말을 한 전후사정을 이야기하고 그런 뜻이 아니었음을 해명했다. 그런데 며칠 후 내 충성심을 테스트해 보겠다며 또 다른 청탁을 해 왔다. 그것은 내가 결정할 수 있는 일이 아니었다. 오로지 연출자만이 결정할 수 있는 사항이었다. 연출자를 불러 부탁했다. 부탁은 하지만 연출자의 결정을 전적으로 존중하겠다고. 얼마 후 연출자에게서 불가하다는 연락이 왔다. 나는 그 사실을 즉시 정치권에 통보했다. 이튿날부터 방송국에서는 드라마국장 교체설이 나돌았다. 나는 각오하고 있었다. 얼마 후 나는 전격 교체되었다. 보통 본부장이 바뀌면 최소 2-3주 지나면서 누가 적임자인지를 요리조리 살피고, 현직의 공과나 능력도 따져본 후에 후속 인사를 단행되는데 나는 본부장이 발령나던 날, 그날 저녁에 해임통보를 받았다. 야근하던 직원 몇몇이 국장실로 몰려와 어떻게 된 일이냐고 물으며 걱정해 주었다. 그냥 웃었다. 그리고 아무 말도 하지 않았다. 입신영달에 너무 연연하면 천박해 보인다. 국장 1년 만에 해임되었다. 최단기 국장이었다.

일반적으로 국장까지 지내고 나면 연출을 못한다. 아니 기피한다. 하는 일 없이 얼마간 빈둥거리다가 조기 퇴직하고 만다. 그것은 국장시절 연출자들에게 연출 못한다고 꾸짖고 다른 부서로 전출 보내는 등 관리자로서의 악역을 했기 때문에 자신의 연출력이 백일하에 노출되고 후배들의 비판의 대상이 되는 것을 두려워하기 때문이다.

나는 후임 국장에게 연출할 것이라는 강력한 의지를 전했고 실제로 제작현장에 뛰어들어 연출하는 작품마다 크고 작은 상을 탔으며 그로 인해 방송사상 최초의 대大PD라는 계관 PD의 영예도 안았다. 그리고 마지막으로 연출한 작품이 '상하이 TV페스티벌'에서 최우수 작품상을 타는 영광까지 누렸다. 물러날 때 물러남으로써 얻을 것을 얻을 수 있었다고 생각된다.

나의 데뷔작

나는 비교적 늦은 나이에 TV로 전입되었기 때문에 후배들의 조연출까지 해 주었지만 보통 5년씩 하던 조연출을 3년 만에 마감하고 연출로 데뷔했다. 조연출은 연출의 준비기간이기도 하다. 그 기간 중에 가장 중요한 일은 선배 연출자의 연출 패턴을 어떻게 이해하고 자기 것으로 만드느냐 하는 것이고, 또 자기 취향에 맞는 드라마 작가를 여하히 찾느냐에 따라 그 미래가 달라진다. 작가들 역시 어떤 연출자와 콤비를 이루어야 작가로서 롱런할지가 결정된다고 보아야 한다. 그래서 조연출 시절부터 그런 탐색이 서로 벌어진다고 봐야 한다. 나 역시 데뷔가 다가오면서 한 작가, 한 작가들의 작품들을 유심히 지켜보았고 내가 연출로 데뷔하기로 결정되었을 때 나는 한 작가를 찍었고 그리고 읍소했다. 그 작가는 나의 고교 선배이기도 했지만 냉정했다.

당시의 드라마는 거의가 스튜디오(studio) 중심의 드라마였다. 그러나 그 작가는 영화 쪽에서 명성을 쌓아온 터라 세트보다는 야외 중심의, 말하자면 영화식 드라마를 선호하고 있었다. 내가 그를 찾아가 정중하게 원고청탁을 하자 그는 그런 영화식의 자기 작품을 소화해 내지 못할 것이라며 고개를 흔들었다. 나는 그랬다. 선생님은 이미 자타가 공인하는 명망 있는 작가지만 나는 신인이다. 실패하면 선생님의 좋은 작품을 연출이 망쳤다고 할 것이다. 치명상을 입는 것은 오히려 나다. 작가는 껄껄 웃더니 생각해 보자고 했다. 나는 승낙한 걸로 알겠다며 헤어졌다.

6개월 후 나의 연출 데뷔가 결정되었고 방송은 1981년 2월 6일로 편성되었다.

작품 논의를 위해 만난 작가는 다시 한 번 나에게 으름장을 놓았다. 야외촬영이 많은데 할 수 있겠느냐고. 사람의 첫인상이 사람 전체를 가늠하듯이, 첫 작품에 내 모든 역량을 쏟아 넣겠다고 자신 있게 답했다. 작가는 그럼 한번 해 봅시다. 하고 내놓는 소재가 기가 막혔다. 그 전해에 한 우체부가 폭설이 쏟아지는데도 불구하고 산골에 편지를 배달하려다 순직한 사건이 있었다. 그 소재가 어떠하냐는 것이다. 순간 멍해졌다. 작품 전체가 눈이다. 말하자면 올 로케이션(all location)이라는 이야기다.

당시의 제작예산은 스튜디오 중심으로 짜여있기 때문에 거의 불가능하다. 내가 난감해 하자 작가가 그랬다. 다른 작가를 찾아보는 게 어떠냐고. 나는 순간 오기가 났다.

"합시다."

"정말 할 수 있겠어요?"

"해보겠습니다."

이렇게 해서 나는 대담한 결정을 했다.

이튿날 나는 아내와 아이들을 데리고 외식을 했다. 그리고 그 자리에서 아내에게 그랬다. 나 한 달 봉급만 좀 쓰면 안 되냐고. 아내가 무슨 말인지 몰라 나를 멍하니 쳐다보더니 그랬다.

"당신, 사고 쳤어? 바람났어?"

어이없어 웃었지만 곧 내 계획을 설명했다. 당신도 알다시피 나는 아무런 배경도 없이 TV드라마 연출자가 되었다. 이제부터가 중요하다. 내가 할 수 있는 모든 역량을 다 쏟아 부어 내 존재를 각인시켜야 이 바닥에서 살아남을 수 있다고……. 실패하면 나는 다른 부서로 갈 것이다. 도와 달라. 심란한 얼굴로 나를 쳐다보던 아내는 쓰다 달다 말이 없었다. 나는 승낙한 걸 알고 일을 추진했다.

보름 후에 대본이 나왔다. 방房 신만 빼고는 다 야외촬영이었다. 제작비를 절감하는 방안의 하나로 숙박을 하지 않아야 한다. 그래야 출장비가 나가지 않는다. 나는 서울 근처에 당일로 다녀올 수 있는 시골 분위기가 나는 지역을 찾아 헤맨 끝에, 지금은 고급 아파트 단지가 들어선 주택가가 되었지만, 시골 분위기에 가까운 장소를 찾아냈다. 그리고 주인공은 바쁘지 않는 배우를, 그리고 유명하지 않는 배우를 캐스팅했다. 난생처음 주인공 역을 맡은 남자배우는 감격했다. 그러나 여주인공은 분량은 많지 않지만 작품을 빛낼 수 있는 배우여야 하기에 비교적 스타급에서 골랐다.

나는 제작비를 줄이기 위해 모든 스케줄을 새벽에 출발하여 밤에 돌아오는 것으로 짰다. 매일 새벽 5시에 출발하여 밤 10시 경에 방송국으로 돌아왔다. 그 대신 아침과 저녁 식대, 그리고 야식비는 내 사비私費로 댔다. 그러함에도 나는 신이 났다. 그해 엄청 눈이 많아 내려 주었기 때문이다. 대관령 골짜기에서 주인공이 눈 속에 파묻혀 죽는 라스트 장면을 찍는데 골짜기인 줄 모르고 근사한 영상이 나올 것 같아 주인공을 거길 올려 보냈는데 눈이 꺼지면서 주인공이 골짜기 아래로 떨어지고 말았다. 깊은 골짜기는 아닌 것 같은데 몸부림을 치면 칠수록 점점 더 빠지는 것이었다. 마침 소품수들이 그런 경우가 혹 있을 경우를 대비해 밧줄을 준비해 왔는데 그게 없었으면 큰 사고로 이어질 뻔한 일도 있었다. 모두들 눈구덩이 속에서 일을 하다 보니 고생이 말이 아니었다. 불평이 없었던 것도 아니지만 모두들 그런대로 잘 협조해 주어 촬영은 계획대로 끝낼 수 있었다. 그러나 카메라맨은 내가 병아리 PD라는 약점을 잡아 툭하면 촬영 못하겠다고 억지를 쓰곤 했다. 그것은 다른 스태프들은 모두 작품 당 계약이지만 카메라맨만큼은 방송국 직원이었기 때문이기도 했다.

그런 악순환 속에서도 나는 촬영을 무사히 끝내고 5일 정도의 필름 편집, 더빙 등을 거쳐 스튜디오 녹화에 들어갔다. 스튜디오 녹화는 방房 신만 있었지만 야외촬영 분량을 붙이고 음악이나 자막을 넣어 완성품을 만드는 마지막 단계다. 오전 10시에 녹화를 시작해서 다음날 아침 7시에 끝났다. 꼬박 밤을 새운 것이다. 그러면서 촬영 당시 보이지 않은 것들이 눈에 들어오기 시작했다. 너무 영상만을 생각해서인지 그림 위주의 드라마가 되어버렸다. 카메라가 좀 더 깊이 있게 심리를 파고들어야 하는 클로즈업이 부족하다는 아쉬움이 일었다.

방송 후 난리가 났다. 타 방송국에서조차 연출자가 누구냐고 물어오기도 하고, 방송담당이사는 나는 불러 수고했다며 등 두드려 주었다. 나는 주목받는 신인으로 혜성처럼 등장했지만, 아내는 빚내서 제작비로 쓴 돈이 무려 3개월치 봉급만큼이나 된다며, 그 이야기만 나오면 빚 갚느라고 죽을 고생을 했다며 지금도 입에 거품 물고 으르르 딱딱거린다.

TV문학관은 이렇게 시작되었다

나는 연출 데뷔 후 〈부부〉, 〈형사〉, 〈인간극장〉 등 단막드라마만을 주로 연출했다. 그런 단막극에서 나는 과감하게도 유재용의 소설 〈관계〉를 각색 방송했고, 형사드라마에 걸맞지 않게 사회 부조리를 고발했으며, 제목도 〈허무의 도시〉로 붙이는 등 기존 연출자와는 다른 행보를 보였다. 그러다 〈TV문학관〉이 기획, 편성되었다. 나는 몹시 탐이 났지만 나 같은 애송이 연출자가 감히 넘볼 수 없는 역점프로였고 그런 만큼 당시 최고의 연출진들로 진용이 짜여졌다.

첫 프로가 김동리의 〈을화乙火〉였다. 이 작품은 상당한 호응을 불러일으켰고 한국 드라마의 새 장을 열었다고 도하 신문들이 대서특필했다. 그러나 그 이후에 나온 몇몇 작품들이 연달아 기대에 못 미침으로써 두 달이 채 못 돼 연출진의 대폭 교체가 이루어졌다. 이러한 배경에는 당시 사장의 잘못된 판단이 작용했다. 성공시킨 첫 프로 〈을화〉의 연출자가 TBC 출신이었고, 실패한 두 번째 작품을 만든 연출자가 KBS 출신이었다는 데서 비롯되었다. 다시 말해 KBS 연출자들은 공무원 출신들이었기에 실력이 없다고 지레 평가해 몇몇 사람을 제외하고는 전부 제외시켜 버렸는데 살아남은 TBC 연출자들이 연타로 실패한 것이다. 그런 시행착오를 거치면서 재개편이 시도됐었고 그 이후 KBS 출신의 연출자가 만든 〈삼포 가는 길〉이 공전의 히트를 함으로써 비로소 KBS의 연출자들은 억울한 누명이 벗었다. 이후로는 거의 KBS 출신 연출자들의 작품들이 연달아 호평을 받음으로써 명예회복을 했다.

나는 이런 분위기에 편승되었는지, 아니면 평소 만든 단막 드라마들이 다분히 문학적이라 평가가 반영되었는지 알 수 없지만 연출로 데뷔한 지 7개월 만에, 〈TV문학관〉 프로가 생긴 지 8개월 만에 연출진에 편입되었다. 남들이 부러워할 만한 성공일 수도 있지만 개인적으로는 성공하느냐, 못 하느냐에 따라

중견 연출자로 발돋움하느냐 아니냐가 결정되는 중대한 기로에 서게 된 것이다.

그때까지 TV문학관 작품 경향은 제1화 〈을화〉의 영향 때문이겠지만 주로 샤머니즘 계열의 작품이거나 토속적인 작품계열이 대부분이었다. 그러나 나는 전통적이고 문화적인 우월성을 추구하는 예술계열의 작품이나 주제가 비교적 뚜렷한 현대문학 작품으로 차별화시키려는 결심을 하고 그쪽 계열의 작품을 찾았다. 그동안 수년간 모은 문학잡지를 뒤져 작품 하나하나 점검하느라 며칠 날밤을 새웠지만 첫 작품으로 마땅한 작품을 찾아낼 수가 없었다.

그러던 어느 날 당시 심의실에 근무하던 한 선배에게 푸념 삼아 나의 고민을 털어놓았고 그 선배의 추천으로 이문열의 〈사라진 것들을 위하여〉라는 작품을 읽게 되었고 읽은 즉시 결정했으며 곧바로 각색자도 선정했다. 당시 사극은 거의 민속촌에서 제작되는 것이 통례였다. 그러나 시청자들은 너무 익숙한 풍경에 드라마를 그냥 드라마로 본다. 말하자면 민속촌처럼 드라마도 인위적이라고 본다. 보는 눈에 진실이 담기지 않는다는 뜻이다. 나는 그게 싫었다. 그 외, 사극이 자주 찾는 곳은 안동

하회마을, 경주 양동마을 정도다. 그러나 나는 그런 곳이 아닌 다른 어떤 곳을 찾아 헤맸고 세 차례 헌팅 끝에 성주 한개마을을 찾아냈다. 한 번도 카메라가 들어가지 않은 처녀지였다.

그런 노력 끝에 만족할 만한 장소까지 찾아냈는데 그때까지 원고가 나오지 않았다. 나는 작가를 촬영현장까지 끌고 가 여관에서 원고를 쓰게 했고, 쪽지대본으로 촬영을 했다. 간신히 1차 촬영을 하고 철수했다. 그 후 완고가 나와 2차 촬영을 떠났는데 이번에는 장마가 닥쳤다. 4일간이나 촬영을 못 하고 여관에서 허송세월하고 있는데 방송국에서 방송일자를 늦출 테니 철수하라는 지시가 내려와 한동안 촬영이 중단되기도 했다. 그런 우여곡절 끝에 간신히 촬영을 끝냈다.

이제는 편집과 더빙(당시는 동시 녹음이 아니라 필름을 보고 배우들이 일일이 대사를 맞추어야 했다), 그리고 믹싱작업(음악과 자막을 넣고 완성품을 만드는 작업)만 남았다. 편집도 요즘처럼 디지털로 하는 것이 아니라 가위로 일일이 한 커트씩 잘라내어 스카치테이프로 붙여야 했다. 천신만고 끝에 가假편집을 마치고 바로 내 위의 선배와 시사를 했는데 그가 심각하게 충고했다. 엔딩을 재촬영하는 게 좋을 것 같다고.

원작의 마지막 장면은 이렇다. 갓쟁이 도평 노인이 동네 어른인 교천 어른을 위해 정성껏 만든 갓을 가지고 갔을 때 교천 어른은 상투를 자른 후였다. 도평 노인이 소리친다.

"어르신! 어찌 그리 쉽게 상투를 자를 수 있소. 이 목을 자를지언정 이 상투를 자를 수 없노라 소疏하던 선조들에게 부끄럽지 않소. 갓값 내시오! 갓값 내시오!" 하고 울부짖는다.

원작은 이렇게 끝나지만, 드라마는 교천 어른에게 배신을 당하고 나온 도평 노인은 집으로 가는 길에 거대한 트럭의 경적에 놀라 갓을 떨어트리고 갓은 트럭의 바퀴 밑에 깔려 무참하게 찌그러진다. 나는 이 신을 원 신(one scene), 원 컷(one cut)으로 처리했다. 그러나 막상 편집을 해놓고 보니 엔딩의 의미도 살지 않고 긴장감도 없어 싱겁기 짝이 없었다. 선배는 나에게 커트백(cut back) 기법을 시도할 것을 권했다. 즉 도평 노인과 달려오는 트럭을 점점 짧게 붙이는 기법으로 극의 클라이맥스를 극대화시키라고 충고했다. 나는 버스 임차료와 스태프 출장비 등을 사비로 내 다시 현지로 내려가 1박 2일 재촬영을 했고 재촬영분의 편집을 끝내놓고 보니 현대문명(트럭)에 의해 말살되어 가는 전통문화(갓)의 애잔함이 가슴 뭉클한 감동으로 다가오면서 의미부여에 힘이 실렸다.

방송 후, 새로운 주제로 문학관의 새 지평을 열었다는 평을 들었다. 두 번째 작품인 최인호 원작의 〈돌의 초상〉으로 나는 '우수프로그램상'을 수상했다.

그때 나는 수상소감에서 이렇게 말했다.

"난정蘭亭도 왕휘지王徽之의 ≪난정서≫가 없었다면 회계산의 무성한 숲, 긴 대나무밭의 한 정자에 불과했을 것이고, 적벽赤壁도 소동파蘇東波의 ≪적벽부≫가 아니었다면 조조와 주유가 자웅을 겨루었던 피비린내 나는 높은 산, 깊은 강에 지나지 않았으리라. 이 시대에 우리가 없었다면 여의도는 그저 황량한 벌판에 지나지 않았으리라는 말을 남깁시다."

가을, 그 쓸쓸함에 대하여

가을비가 내렸다. 지팡이로 땅을 두드리듯, 관 뚜껑에 못 박는 듯한 소리로 심장을 때리며 온다. 이 비가 그치면 이내 겨울이 오리라. 하늘은 높아지고 바람은 차가워지리라. 붉게 물든 활엽수들은 비바람에 날리어 우수수 하늘로 치솟아 곤두박질치듯 어지럽게 흩어진다. 겨울이, 헐벗은 작부의 얼굴을 한 겨울이 심술궂은 바람을 몰고 와 땅을 얼려 놓곤 할 것이다. 열정이 시들고 갈망이 다하면 살아있는 모든 것들은 저렇게 추락하고 마는가? 그렇게 낙하하는 모든 것들은 실로 처연凄然하다. 멀리 보이는 농가에서 낙엽을 태우는 듯, 연기가 운무처럼 자욱하게 산기슭을 덮는다. 안톤 슈낙(Anton Schnack)의 산문 한 구절이 떠오른다. "회색의 빛깔, 가을밭에 보이는 연기, 산길에 흩어진 비둘기의 깃, 세 번째 줄에서 떨어진 어릿광대, 지붕 위로 떨어지는 빗소리, 휴가의 마지막 날." 가을걷이가 끝난 한적한 빈 뜰은 허무해 보였다. "국화꽃 저버린 겨울 뜨락에 창 열면 하얗게 뭇 서리 내리고……." 이수인의 〈고향의 노래〉를 낮게 웅얼거려 본다.

내가 있는 시골은 동네를 끼고 홍천강의 지류가 돌아나가 아침마다 자욱한 물안개가 낀다. 가을의 아침은 매번 그렇게 축축하고 막막하다. 그런 안개 속에서 몇 송이 안 되는 남은 국화는 마지막 노란빛을 발하고, 문설주로 늑대거미들이 내려온다. 11시나 되어야 햇볕이 난다. 그렇게 햇볕이 나고 하늘은 눈부시게 투명해지면서 계곡의 물 위로 붉게 물든 나뭇잎들이 바람에 흩뿌려지면서 흘러간다. 저녁이 되면 노을이 환상처럼 펼쳐지고 여치나 귀뚜라미들이 서럽게 운다. 그들의 설움, 또한 얼마나 깊은 지 밤새워 목 놓아 운다. 하지만 가을이 길지 않을 것이니 그들의 설음도 짧으리라. 서쪽 하늘로 해가 사위어가면 차 한 잔을 들고 어둠과 마주한다. 어둠의 틈 사이로 날아오는 빛의 깃털들이 통창窓을 뚫고 내 얼굴에 얹히면 그렇게 잠시라도 머물다 사위어가는 빛의 잔상들마저 애처로워진다.

햇빛이 좋은 날은 데크(deck)에 의자를 내놓고 책을 읽는다. 그런 경우, 대개는 책을 읽다 졸기 마련이다. 따뜻한 가을볕의 포근함이 졸음을 불러올 수도 있고, 이렇게 평화로울 수 있다는 안락함에 만족하기 때문일 수도 있다. 그러다가 꿈을 꾼다. 평화롭고 풍요로웠던 그 옛날, 어느 한때를. 그것이 어떤 날인지, 어떤 기쁨인지 알지 못하는 그런 꿈을 꾼다. 그런 것들이 곧 평화임을 알지 못하지만 어려움이 닥치고 삶이 고단해지면 비로소 이해할 수 있는 그런 평화이리라. 햇볕이 샐쭉해지고 볕도 서늘해지면서 조락凋落의 겨울이 눈앞이다. 이런 날은 걸어서 수타사壽陀寺라도 가고 싶다. 부처님께 삼배하고 스님과 마주 앉아 차 한 잔이라도 마시고 싶다. 선문답이라도 나누고 싶어진다. 그런 저녁, 나뭇잎이 가없이 떨어질라치면 술이라도 한 잔 해야 잠들 수 있다. 누군가가 대작을 하면 흥이 나겠지만 그럴 사람이 없으니 달 아래 제 그림자를 벗삼고 처량한 귀뚜라미 소리를 안주 삼아 마신다. 혼자 마신다고月下獨酌 흥이 덜하지 않는다. 얼큰해지면 혼자서 흥얼거린다. "지금 그 사람 이름은 잊었지만 그 눈동자 입술은 내 가슴에 있네. 바람이 불고 비가 올 때면……." 그러다 목이 멘다. 그래서 술 한 잔 더 한다. 끝내는 "우리는 한 잔의 술을 마시고 버지니아 울프의 서러운 생애와 목마를 타고 숙녀의 옷자락을 이야기한다."며 웅얼거리다 꼬꾸라져 잔다. 아내는 늘 그게 걱정이다. 혼자서 술 마시고 개글거릴까 봐 노상 감시한다. 뛰는 놈 위에 나는 놈 있는 법이다.

시인 쉼보르스카(Wislawa Szymborska)가 그랬다.

"지나간 옛 사랑이여, 새로운 사랑을 첫사랑으로 착각한 점 뉘우치노라."

70이 되어서야 비로소 깨닫는다. 그때 그 사랑이, 낭만의 아류였음을,

나의 버킷 리스트(Bucket list)는 시골에 조그마한 집을 짓고 이 핑계 저 핑계 대며 못 읽고 쌓아둔 책이나 읽는 거였다. 버킷 리스트는 인생의 어느 시기에, 혹은 생의 책임과 의무를 다하느라 방치한 자아自我 찾기의 일환이다.

혹자는 별것도 아닌 놈이 시건방을 떤다고 삐죽거리기도 하고, 또 어떤 이들은 혼자 잘난 척한다고 손가락질한다는 걸 안다. 그러나 장미는 독한 가시 때문에 장미가 되었고, 백합은 진한 향 때문에 백합이다. 잠시 흐드러지게 피는 벚꽃도, 순간 활

짝 웃는 목련도 저마다 제 이름으로 살다 제 이름으로 간다.

누가 있어 홀로 시골에 사는 뜻을 알리오. 도연명陶淵明처럼 "동쪽 울타리에 국화꽃 꺾어들고彩菊東籬下 유연히 남산을 바라보며悠然見南山" 그렇게 살리라.

강남엘레지

봄이라고 하지만 아직도 을씨년스러운 3월 초순, 봄비가 추적거리는 어느 비 오는 날. 우리는 강남에서 만났다. 한 친구는 개인 사업을 하면서 주식으로 재미를 본 덕에 강남에 사무실을 갖고 느긋하게 오가면서 여생을 즐기고 있고, 또 한 친구는 사업에 실패하고, 있는 재산 다 털어 캐나다로 이민 갔다가 가족들은 그곳에 남겨두고 혼자 돌아와 이리저리 유랑하면서 정처 없는 삶을 사는 소위 기러기아빠다.

우리는 일차로 삼겹살과 소주로 허기를 달랬다. 돈푼깨나 있는 친구는 건강이 좋지 않아 담배도 끊고 술도 조심해야 한다면서 겨우 소주잔을 입에 대다 말았다. 술을 마시지 않으니 특별히 누구와 어울리는 재미도 없고 그냥 땡 하면 집에 들어가 마누라하고 앉아서 텔레비전 보는 것이 유일한 낙이라면서, 어떻게 된 세상인지 텔레비전에서도 온통 젊은이들 판이니 그것마저도 재미가 없다면서 툴툴거렸다. 기러기아빠는 자기는 그 재미마저도 없이 남들은 퇴근하는 저녁 때 갈 곳이 없어서 누굴 붙잡고 술이나 한잔하려고 이리 기웃, 저리 기웃거리다가 그런 자신의 신세가 하도 서글퍼 그냥 포장마차에서 잔술 몇 잔 먹고 늙으신 부모님이 사시는 아파트로 들어간다며 모처럼 술에 취해 벌건 얼굴을 쓰다듬으면서 계면쩍어했다.

그들 두 친구는 참 잊었을 수 없는 친구였다. 강남에 사무실을 갖고 있는 친구는 집은 괜찮게 살았는데 아픔이 있었다. 그의 어머니는 숨겨진 여자였고 그것 때문에 심하게 반항하며 어머니를 괴롭혔다. 어머니가 시키는 모든 일을 반대로 했다. 공부하라면 안 하고 도시락 싸주면 반찬 타박하며 마루에 던져놓고 가기 일쑤였다. 그러면 어머니는 맨발로 뛰쳐나와 달아나는 아들을 붙잡고 밥 사먹으라고 돈까지 쥐여 주고 엄마가 잘못했다고 사정을 했다. 그러면 그 친구는 더욱 더 기고만장해 어머니를 백안시하고 무시했다. 그것은 거의 분노에 가까웠다. 그때 나는 그 집 마당이 내려다보이는 옆집에서 자취를 하고 있었는데 나의 보호자인 형한테서 돈이 오지 않아 굶기를, 있는 놈 밥 먹듯 하던 시절이었다. 남들이 등교하는 신새벽에 배가 너무 고파 마당에 나와 우물물을 한 바가지 퍼마시고 현기증이 나 주저앉아 있을라치면 이들 모자의 승강이가 곧잘 목격되곤 했다.

짜증을 부리고 타박을 하는 아들을 참고 달래 간신히 학교에 보내놓고 바람 부는 골목에 망연히 서 있는 그 어머니의 모습은 참 쓸쓸해 보였다. 그런 날, 그 어머니는 참으로 허망한 얼굴로, 오전 내내 마루에 꼼짝 않고 앉아 하염없이 하늘을 쳐다보다, 고개를 숙여 마루에 무엇을 써보다가, 다시 하늘을 쳐다보곤 했다. 그 쓸쓸함이 배고픈 것보다 나를 더 우울하게 만들었고 기진맥진하여 깜박깜박 혼절해 가며 하루 종일 누워 있는 와중에서도 그 어머니의 모습이 뇌리를 떠나지 않았다.

그런 그가 어느 날 나를 찾아왔다. 중학교는 같이 다녔지만 고등학교는 서로 달라 어울리지도 않아 그렇게 친한 사이는 아니었는데 내가 밥을 못 먹어 학교를 자주 결석한다는 이야기를 어디서 듣고 찾아온 것이다.

그는 때가 꼬질꼬질한 내 자취방에서 빈 쌀자루도 만져보고 연탄 한 장 없는 아궁이도 들여다보고 참 어처구니없어 했다. 그는 이튿날부터 어머니에게 반찬 투정도 부리지 않고 꼬박꼬박 도시락 챙겨 나와 나한테 던져주곤 갔다. 나는 그 덕분에 한동안 아침밥을 먹을 수가 있었고 부지런히 학교도 나갔다.

그러던 어느 날 내가 그에게 말했다. 어머니가 참 슬퍼 보인다고. 어머니에게 왜 그렇게 퉁명스럽게 대하느냐고 물었다. 그러자 그는 갑자기 정색을 하면서 그런 것까지 너에게 설명해야 하느냐며 화를 내고 가버렸다. 나는 그때까지 그가 서자庶子인 줄 몰랐다. 가끔 가다 그 친구의 집에 중년 남자가 드나들긴 하지만 그 친구의 사정을 안 것은 한참 후였다. 그 이후 공급되던 도시락은 끊겼고 나 역시 배고픔을 이겨내지 못하고 휴학을 하고 시골로 내려가고 말았다.

수십 년 후 그 친구를 만났다. 그 친구는 이름까지 바꾸었다. 그래서 나는 그 친구가 옛날의 그 친구인 줄 모르고 만났는데 무척 반가웠다. 그래서 "니가 어쩌면 내 목숨을 살렸는지도 모른다." 고 당시의 이야기를 하면 그 친구는 조금은 계면쩍어 하면서도 옛날이야기는 그것으로 끝이었다. 가족사를 일체 이야기하지 않는다. 이제 어지간히 삭일 때도 되었건만 그렇지가 않은 모양이었다. 달라진 게 있다면 단지 그의 얼굴에서 그 옛날 어머니에게 향한 분노보다는 애써 피하고 싶고 잊어버리고 싶은 체념이 더 자리 잡고 있다는 점이다.

기러기아빠는 어렸을 때 참 부자였다. 1960년대, 당시 가정교사를 들이고 공부를 할 정도였고, 거의 모든 학생들이 4－5km 정도는 걸어다녔는데 그 친구는 자전거로 통학을 했다. 친구들은 한 번만 입어도 무릎이 튀어나오는 검은 물들인 광목으로 지은 교복을 입고 다녔지만 그 친구는 당시 '사지'라는 모직 교복을 입고 다녔다.

참 부러울 것이 없는 친구였다. 그러나 그는 가끔 그 때문에 고민을 했다.

'삼총사'라면서 어울려 다닌 또 한 친구가 있었다. 그 친구 역시 넉넉하지 못한 환경이어서 빵집에서 빵 얻어먹을 때는 다정한 척하다가도 당시 어린 나이에도 불구하고 인생이 어떻고 하면서 설익은 논쟁이 벌어질 때면 그는 어김없이 '부르주아'라고 공격받았다. 그는 애써 가난한 척 엄살을 부렸다. 그러다 그는 아버지를 따라 부산으로 전학을 갔고, 그 이후로는 소식이 끊겼다가 20년 후 우연히 다시 만났다. 만날 당시는 그런대로 사업이 잘되었으나 어쩐 일인지 그는 사업을 정리해 이민을 떠났고 떠난 지 7-8년 후 홀연히 서울에 다시 나타났다.

그 이후 그는 초라해졌다. 친구들은 처음에는 벌이도 시원찮고 캐나다에 생활비도 부쳐줘야 하는 그의 처지를 동정해 기꺼이 술도 사고 밥도 샀다. 때로는 좋은 일이 있을 때 일부러 그를 불러내 어울리곤 했다.

그런 그가 어느 날부터 친구들한테 술 좀 사 달라고 전화를 하기 시작했다. 물론 외로우니까 그랬을 테지만 이미 나이가 웬만해 누구는 직장에서 쫓겨나고 누구는 사업이 망해 생활을 걱정하는 처지의 다수의 친구들이 반가워 할 리가 없었다. 그럴수록 그는 부지런히 전화를 하곤 했다. 친구들이 점점 없어지고 외톨이가 되어갔다. 혼자서 술 마시고 음주운전을 하다 걸려 운전면허 취소당하고 벌금까지 물고 세상이 외롭다며, 죽고 싶다고 푸념하기도 했다.

나 역시 남들은 출세했다고 하나 이룬 것은 보잘것없으면서도 꼴 같지 않은 이름에 기대어 히히덕거리며 자만하지 않았는지를 창밖으로 쉴 새 없이 주절주절 내리는 봄비를 보면서 마음

속으로 되짚어 본다. 나이가 든다는 것은 무엇일까. 성숙해진다는 것일까. 아니면 구차하게 늙어 간다는 것일까.

젊었을 때 꿈꾸었던 격조 있고 품위 있는 삶을 이야기하는 우리들의 주정酒酊에는 자조自嘲와 슬픔이 배어있었다. 때로는 가는 한숨도 있고 때로는 고개를 젖혀 술잔을 들이켜지만 실은 눈물을 감추려고 한다는 것도 우리는 안다.

너무 멀리 와 있다. 돌이킬 수 없는 자리에 와 있다. 회한과 슬픔이 술을 당기게는 하지만 각자의 자기 속으로 들어가 버려 좌중은 말이 없다. 술 못 마시는 친구도 몇 잔 들이켰는지 얼굴이 보름달 같다. 그는 어머니를 학대한 것을 후회하고, 용서를 빌고 있으리라. 살아보니 삶이란 자기 의지대로 살아지는 것이 아니라는 것을 비로소 깨닫고 아버지를 그렇게밖에 사랑할 수밖에 없었던 어머니의 생生을 이제는 이해한다고 읊조리고 있으리라.

왜 이렇게 비루하게 살아야 하는지 기러기아빠는 골똘히 생각하고 있으리라.

한때의 영광과 부富가 이렇게 허무하게 사라지는 것을, 애써 버둥거리며 그 끈을 놓지 않겠다고 발버둥 쳤던 옛날을 회상하는지 그는 고개를 숙이고 말이 없다. 가끔 고개를 들어 천장을 올려다보는 그의 모습에서 그런 세상을 원망하는 눈빛이 역력하다. 그러나 그 어떤 변명도 초라하긴 마찬가지다. 황폐荒廢해지고 있었고 결국은 황폐해져 버렸다.

우리는 술집을 나왔다. 가는 실비가 안개처럼 자욱하다. 도시의 모퉁이를 돌아 끝없이 이어지는 차량들의 빨간 테일 라이트의 불빛이 빗물에 비치어 뭉크(Edvard Munch)의 그림처럼 어지럽다. 가로수의 쓸쓸한 가지와 차가운 봄비, 길가의 레코드점에서 흘러나오는 낮고 우울한 알토 색소폰의 흐느끼는 듯한 멜로디.

비를 피해 처마 밑에서 우두커니 서 있던 기러기아빠가 나직이 읊조린다.

"어디로 가지?"

그래, 우리는 도심에서 길을 잃었다. 어디로 가야 할 바를 모르고 한동안 그렇게 서 있었다.

만년晩年의 궁상窮狀

왕유王維처럼 시골생활을 원하고 도연명陶淵明처럼 은거를 꿈꾼다면 오두막일망정 야트막한 언덕에 집을 짓고 영인본일지라도 망천도輞川圖를 걸어놓고 와유臥遊할 일이다.

살이生가 지난至難하고 영화榮華가 멀어지면서 도회생활이 아무 의미가 없어졌다. 어디 산책할 공원도, 더위를 식힐 그늘도 없는, 답답하기 그지없는 아파트 생활은 불편하기 그지없었다. 아스팔트는 뜨겁고, 공원마다 노인들이 우글거려 한가롭지가 않다. 친구들을 만나도 술 몇 잔 마시고 시답잖은 농담이나 몇 마디 주고받고는 허망하게 웃으며 헤어진다. 그날이 그날이다. 돈 많은 사람들의 별장이 아니더라도 조용한 시골에서 책이나 읽으면서 유유자적하고 싶다는 생각이 떠나질 않았다. 서울 근교에 그림 같은 집은 짓고 사는 몇몇 지인들이 무척 부러웠다. 그러나 그 간절한 꿈은 내게는 잘 쓰인 소설의 허구적 로망에 불과했다.

여자들은 남자들과는 반대다. 유행가 가사처럼 그녀들은 늙어가는 것이 아니라 익어가는 것일까? 엄청 바쁘다. 대부분의 여자들은 동사무소나 구청 같은 데서 좌판처럼 벌여놓은 에어로빅이나 건강 프로그램에 나가느라 정신이 없다. 그러다 보니 친구가 많아지고 형님, 동생하면서 엎어지고 자빠지면서 이리저리 전화 돌려 점심약속하고 좋은 영화 있으면 떼로 몰려다닌다. 자녀들 다 출가해 신경 쓸 일 없고 힘 빠진 영감, 까짓것 밥 안 차려줘도 알아서 찾아먹으니 크게 신경 쓸 일이 없다. 힘 빠진 남자들은 싸우기 싫어서 혼자 식당에 가 처량하게 저녁 먹으면서 소주 한 잔씩 걸치고 집에 와도 마누라는 안 온다. TV 켜 놓고 보다가 깜박 잠이 든다. 9시 뉴스 할 무렵에 들어온 마누라는 잔소리부터 늘어놓는다. 그러다 영감이 술 먹은 걸 눈치채면 그때부터 바가지를 긁어댄다. 듣기 싫어 잠자리에 들어가 자려고 하면 이번에는 잠이 안 온다. 혼자서 뒹굴뒹굴 하다가 마누라가 잠 들었다 싶을 때 몰래 나와 장식용으로 전시해 놓은 양주를 몇 잔 따라 마신다. 그렇게 하루가 지나간다. 아무런 의미기 없다. 우리가 바라는 노후생활이 이런 게 아니지 않는가.

우울해진다.

가자, 서로 떨어져 자기 나름의 생활을 해보자.

이렇게 해서 나는 시골로 왔다. 노년을 좀 아름답게 보내자는 의미에서 당호도 '석가헌夕佳軒'으로 지었다. 당호에는 집주인의 삶과 철학이 담겨있다. 조선시대 남유용南有容은 책과 술, 그리고 자신이 하나가 된다는 의미에서 자신의 집을 '삼일당三一堂'이라고 했다. 술이 없으면 세상사가 무미건조하고 책이 없으면 방탕하기 쉽다는 뜻으로 지은 당호다. 나는 나의 소망을 담아 노후가 아름다워야 한다는 뜻을 새겼다.

영조 연간의 선비 유언호兪彦鎬는 임거사결찬林居四訣贊이라는 글에서 전원생활의 4가지 비결을 말했다. 먼저 달관達觀이다.

어느 비 오는 날 임금의 부름을 받고 바삐 가다가 우연히 시골마을에서 달관의 마음을 얻었다고 한다. 낙숫물이 뿌옇게 떨어지는 어떤 집 처마에서 한 아낙이 아이의 머릿니를 잡아주는

데 그 모습이 너무나 행복해 보였다. 무엇이 기쁜 것이고 무엇이 슬픈가? 마음이 편안하면 어디로 가든 얻지 못함이 없을 것이다.

둘째는 지止다. 물고기는 연못에 머물고 새는 숲에 머문다. 머물 곳을 알아야 한다.

세 번째는 일逸이다. 편안함을 느껴야 한다.

네 번째는 적適이다. 즐겨야 한다. 서예가 송천松泉 정하건은 인수봉, 백운동 등이 보이는 수유리에 살면서 '홀로 자연을 즐긴다獨專山水樂'는 편액을 붙여놓고 유유자적했다고 한다.

내가 시골에 온지 8년째 접어들었다. 어지간히 달관의 경지에 왔을 만한데 아직도 쓸쓸하다. 처음에는 그런대로 위로慰勞 전화도 오고, 또 근황을 묻는 지인들이 안부를 물어오곤 했는데 이제는 일주일에 전화 한 통 없는 날이 태반이다. 하루 종일 입을 다물고 있으니 입에서 구린내가 난다. 아침저녁으로 손바닥만 한 텃밭에 물이나 주고 몇 송이 안 되는 꽃을 만져보기도 하고 마당에 겁 없이 자라는 잡초나 뽑으면서 저물어 가는 하늘을 쳐다볼 뿐이다.

손발을 씻고 저녁을 먹으려 식탁에 앉으면 저쪽 하늘 끝으로 저물어가는 황혼이 왜 그리 쓸쓸하고 슬픈지 기어이 소주병을 따고 만다. 한 병은 기별도 안 간다. 맥주까지 곁들이고 TV 9시 뉴스를 볼라치면 반드시 20분 정도는 블랭크가 난다. 깜박 조는 것이다. 대체로 10시 전후로 잠자리에 들지만 이번에는 잠이 안 온다. 이책 저책 뒤적이다 어쩌다 잠이 들지만 2시간 간격으로 깬다. 마루에 나와 TV를 켜 놓고 밤을 새운다.

달관의 경지에 이르려면 아직은 멀었구나. 원해서 한 일이지만 쓸쓸한 건 그나저나 다 마찬가지다. 지난겨울, 창밖으로 쏟아지는 눈雪을 보고 있는데 갑자기 눈시울이 뜨거워졌다. 왠지 모르지만 혼자 유배지에 와 있다는 느낌이 들었다. 그때 시詩 한 수가 생각났다. 몇 년 전부터 서예를 배우고 있는 터라 한시漢詩로 지어보았다. 여러 한시 작법 책을 참고는 했지만 운韻이 맞는 건지, 대구對句는 제대로 이루어진 건지는 알 수 없다. 제 감정에 겨워 흥얼거렸다. 엉터리라고 해도 변명 않겠다.

山村降雪蕭(산촌에 눈은 쓸쓸히 내리고)
寒燈落淚寥(한등 아래 소리 죽여 우노라)

이 시를 본 아내가 혀를 끌끌 차면서 중얼거렸다.

"늙어가면서 갖은 궁상은 다 떠는구먼."

홀로 탄식할 따름이다.

3부

나를 못 견디게 하는 것들

문을 나설 때는 말없이 헤어졌는데　　出門無語別
여울 가에 이르니 말이 홀로 우네　　臨湍獨馬啼

백상구의 첩으로, 쫓겨났다고 해서 파녀破女로 알려져 있다. 장단長湍의 물가에 이르러 지은 시詩다. 말馬이 주인의 그 지극하고 애통한 슬픔을 먼저 알아 그리 울었다면 아마 그녀는 통곡했으리라. 기어이 소리 내어 울어야만 슬픔일까. 지독한 슬픔에는 소리도 없으리라. 이런 것을 두고 우리는 절창絕唱이라 할 것이다.

파녀는 글씨, 그림, 바둑, 활쏘기, 춤과 노래 등에 뛰어났고 특히 검무를 출 때는 검기가 사방으로 퍼져 무인지경, 거칠 것이 없었다고 한다. 무슨 연유인지 알 수 없지만 그녀의 그 후 족적을 찾을 수가 없다.

나는 이 시를 읽으면서 쫓겨나고 버림받은 한 여자의 깊은 슬픔을 본다. 오래 묵어 깊고 애절한 슬픔이 보인다. 몇 번 되풀이해 읽다보면 눈시울이 붉어진다. 이처럼 애달픈 연서戀書도 없으리라.

시골에 내가 있다. 쓰잘데기없이 이리저리 불려 다니며 허튼소리나 하며 세월을 죽이는 것보다 조용히 책이나 읽으면서 지내고자 해서이다. 그러함에도 때로는 못 견디게 사람이 그리울 때가 있다. 그러면 귀에서 휘파람소리가 난다. 혼자 있다는 것이 얼마나 힘든지를 이제야 알 것 같다.

그럴 때마다 나는 추사의 〈세한도歲寒圖〉를 본다. 그 그림이 가슴을 치는 것은, 갈필渴筆로 형태의 요점만 간추려 그려내 한 치의 더함이나 덜함도 용서치 않는 도도한 선비정신뿐만 아니라, 아무도 오지 않는 고적함과 감당할 수 없어 보이는 고독과 허무가 엿보이기 때문일 것이다. 인적이 끊어진 야트막한 초가, 사람의 흔적이라고는 찾아볼 수 없는 완강한 침묵. 고요. 굳게

닫힌 방문. 그 안에서 수도하듯 먹을 가는 추사. 그런 것들이 삶의 비애를 깨닫게 하는 것이리라. 한참을 보고 있으면 추사의 고독이 옮겨오면서 점점 마음이 편안해진다. 그렇게 외롭게 수 년간을 산 사람도 있는데 겨우 몇 년을 살고 엄살을 떠는 것 같아 부끄러워진다.

어느 날 TV에서, 세 살 때 고아원에 맡겨졌고, 다섯 살 때 구타가 무서워 도망쳐 혼자 떠돌며 살아온 한 청년이 〈넬라 판타지아(Nella Fantasia)〉라는 노래를 부르는데 나는 그 노래를 듣다 그만 울어버렸다. 공중화장실에서도 자고, 지하도 계단에서도 자고, 껌도 팔고 박카스 같은 음료수도 팔며 살았다는 그 청년. 부모에게 한껏 어리광을 부리며 한창 사랑받고 자라야 할 다섯 살의 어린아이가 굶기를 얼마나 했겠으며 한둔하며 눈비에 얼어 자고 젖어 잔 일이 얼마이겠는가? 고가도로 밑에서 바라보는 하늘에는 별들이 눈물처럼 쏟아져 내렸으리라. 유리걸식하며 떠도는 겨우 다섯 살의 어린아이의 모습을 생각하니 울음을 멈출 수가 없었다.

다섯 살! 그래, 그 다섯 살이 섬광처럼 내 가슴에 다가와 꽂혔기 때문이기도 했을 것이다. 그 다섯 살 때 나도 늘 혼자였다.

해 질 녘, 같이 놀던 친구들이 밥 먹으라는 엄마의 외침을 받고 뿔뿔이 흩어져 집으로 들어가고 혼자 골목에 남겨졌을 때, 노을이 비켜가는 골목 한쪽에 퍼더앉아 나는 엄마를 기다렸다. 해는 지고 어스름이 엷은 안개처럼 스멀스멀 퍼져올 때까지 오슬오슬한 추위에 몸을 한껏 움츠리며 고집스럽게 엄마를 기다렸다. 목까지 올라오는 울음을 간신히 억누르며 그렇게 앉아 있곤 했다. (6 · 25의 와중에 아버지를 잃고 어머니가 행상으로 집안을 꾸려가고 있었다.)

그 청년의 다섯 살의 불행과 고독이 내 안의 슬픔으로, 그때 홀로 견디었던 해 질 녘의 그 쓸쓸함이, 내 안의 아물지 않은 상처로 남아 만년의 나이에도 불구하고 나를 못 견디게 했던 것이리라. 정의와 자유와 평화를 꿈꾸는 그 청년의 노래도 내게도 깊은 아픔이었다.

1970년대 히트한 영화로 〈마이 웨이(My way)〉라는 영화가 있었다. 에밀 노필이 감독한 영화로, 원제는 〈The Winner〉다.

건설회사 사장인 윌(조 스튜어더슨)은 30년 전 올림픽에서 금메달을 딴 마라토너였다. 그는 온갖 역경을 딛고 오늘에 이르렀다. 그러나 자식들의 방탕과 일탈로 그는 힘든 노년을 보낸다. 거기다 막내마저 사고로 숨진다. 아내까지 그에게 반기를 든다. 모든 꿈이 깨어진 윌은 자신을 뒤돌아보며 우울한 노년을 보내던 어느 날, 마라톤 대회가 열리자 마지막 열정을 불태워 보고자 참가한다. 그러나 그는 젊었을 때의 그가 아니었다. 수도 없이 넘어지고 쓰러지면서 그리고 다시 일어나 오로지 완주만을 목표로 뛴다. 라스트에서 모든 선수들이 이미 다 도착해 파장인 메인그라운드로 그가 비틀거리며 간신히 들어선다. 숨을 죽이고 마지막 주자를 기다리던 관중들이 일제히 일어나 환호의 박수를 보낸다. 그 광경을 바라보던 그의 눈에 이슬이 맺히고 손을 들어 관중의 환호에 답하면서 간신히 몸을 이끌고 힘들게 결승점으로 향한다. 그런 한순간, 쓰러질 듯, 쓰러질 듯 주춤주춤 뛰어오는 주인공의 모습이 슬로모션으로 걸리면서 그의 파란만장한 생애가 주마등처럼 커트 백(cut back)된다. 그 화면을 배경으로, 프랭크 시나트라의 〈My way〉가 흐른다.

And now the end is near
so I face the final curtain

극적이며 절묘한 라스트음악이다. 그리고 Yes, it was my

way로 대단원의 막을 내린다. 생의 끝자락에서 듣는 그 절묘한 음악은 가슴을 서늘하게 한다. 나는 노래방에 가면 〈My way〉를 부른다. 지금도 여일하다.

어디 그뿐이겠는가? 하릴없이 떠돌던 시절, 술에 취해 고래고래 소리를 지르며 외쳐댔던 박인환의 시詩 〈목마와 숙녀〉는 우리 시대의 또 다른 위안이었다.

자욱한 담배연기와 지린내, 음습하고 축축한 지하 술집 돌체〉*에서, 떠도는 망명정부의 가여운 영혼처럼 터져 나왔던 탄식의 노래. 속절없이 취해가며 절망적으로 불렸던 토크 송(talk song).

"한 잔의 술을 마시고 우리는 버지니아 울프의 생애와 목마를 타고 떠난 숙녀의 옷자락을 이야기한다. 목마는 주인을 버리고 그저 방울소리만 울리며 가을 속으로 떠났다. 술병에서 별이 떨어진다……."

봄날의 안개가 깔리듯 가슴 밑바닥에 우울이 번지면서 알 수 없는 설움과 외로움이 강물이 되어 끝내는 목이 멘다. 이 또한 나를 못 견디게 한다.

---

* 1960년대 대구에 서울의 학사주점을 본딴 주점.

낯선 곳에서 하룻밤

해가 설핏 지고 있었다. 역광을 받은 강은 하얗게 빛났고 그 하얀 강폭 위로 실루엣의 배 한 척이 한가하게 떠가고 있었다. 강변에는 무수한 자갈들이 저녁노을을 받아 황금의 그것처럼 찬란했다.

나는 황급히 외쳤다.

"스톱! 스톱!"

버스는 끽 소리와 함께 급정거를 했고 곧이어 지독한 먼지가 온통 버스를 휘감았다. 몇 안 되는 승객들은 눈살을 찌푸리며 손수건으로 입을 틀어막았지만 나는 얼른 버스에서 내려 강가로 달려갔다.

내 예감은 적중했다. 강을 감고 도는 산세가 심상치가 않았다. 어지간한 명산의 기암절벽 못지않을뿐더러 오밀조밀한 게 카메라를 어디에 대도 좋은 그림을 얻을 것 같았다. 나는 근처 여기저기를 돌아다니며 카메라 포지션을 정하고 어떻게 연출할 것인가를 머릿속에 그리느라 어두워지는 것도 몰랐다.

참 좋은 장소를 찾아냈다고 흐뭇해하며 아까 버스에서 내렸던 장소를 향하던 나는 화들짝 놀랐다. 내가 내린 버스 정류장 뒤 야트막한 야산 위로 마을이 형성되어 있는데 그게 한눈에 봐도 거의 폐허다. 그리고 인적은커녕 개소리조차 들리지 않는 적막강산이다.

순간 머리끝이 쭈뼛 곤두서면서 전신에 소름이 돋았다. 뒤에서 누가 쫓아오듯이 황급히 달음박질쳐 동네 입구까지 와 눈을 닦고 다시 한 번 찬찬히 훑어봤다. 동네는 비어 있었다. 집들은 거의가 허물어졌고 건드리기만 하면 곧바로 폭삭 내려앉을 것만 같았다. 쥐새끼들만 부지런히 오가고 있었다. 동네 전체가 이주해 버린 것이다.

애초부터 수몰지구를 찾아 나서기는 했지만 이렇게 사람이 없을 줄은 미처 예상하지를 못했다. 또 장소에 홀려 앞뒤 생각

없이 막차에서 내린 것이 후회가 되었다.

요즘은 세상이 좋아져서 방송국 차로 여러 스태프들과 같이 장소 헌팅을 다녔지만 당시만 해도 PD 혼자서 돌아다니기가 예사였다. 그래서 버스 타고 기차 타고 오지奧地를 돌아다니거나 아니면 차 가진 탤런트를 꼬여 출연을 보장해 주는 조건으로 데리고 다녔다. 그때 나는 이것마저도 마땅치 않아 혼자서 장소 헌팅을 나온 것이다. 그런데도 무모하게 아무데서나 내려버린 것이다. 해는 저물고 인적 없는 폐허의 마을 한복판에 선 것이다. 흰 옷 입은 귀신이 뒷덜미를 낚아챌 것 같아 오금이 저려오고 전율로 온몸이 굳어지는 것 같았다.

나는 두 손을 모아 소리쳤다.

"아무도 없습니까? 누구 없습니까?"

내 목소리는 공허한 메아리만 되어 뒤돌아왔다. 늦가을이라 한기도 만만치 않았다. 허물어져 가는 간이 버스정류장 나지막한 건물 안에서 나는 애써 두려움을 가라앉히고 담배를 한 대 피워 물고는 이 일을 어떻게 수습을 해야 할지를 생각했다. 벌써 어둠살이가 지고 있었다. 그러다 깜박 졸았던 것 같다. 멀리서 꿈결처럼 어렴풋이 무슨 소리가 들려왔다. 온 신경을 모아

귀를 기울였다. 경운기였다.

참으로 다행이었다. 그 경운기를 타고 나는 다음 마을까지 이동을 했다. 그 마을은 5일장이 섰던 그런대로 큰 마을이었고, 그 탓에 아직까지도 몇 가구가 살고 있었고 다행히 버스 정류장에는 국밥집까지 있었으며 다방까지 있었다. 그러나 어디에도 잠잘 곳은 없었다.

나는 우선 국밥집에서 소주를 곁들여 요기를 하면서 하루 저녁 숙박을 부탁할 수밖에 없었다. 마음씨 좋게 생긴 아주머니는 애매하게 웃는데 주인아저씨는 터무니없는 요금을 내라고 한다. 소금 먹은 놈이 물 켠다고 별수 없었다. 나도 쓰다 달다 말도 못하고 그럼 차나 한잔하고 오겠다면서 나왔다.

다방은 시골 찻집다웠다. 장터 한 모퉁이에 있는 살림집을 적당히 개조한 듯한 다방은 차茶만 파는 것이 아닌 듯싶었다. 대낮부터 술도 팔고, 장날이면 소 팔아 오랜만에 목돈 쥔 시골 아저씨나 거간꾼들이 한바탕 목에 힘을 주고 으스대며 돈푼깨나 날리고 가는 곳이라는 짐작이 들었다. 울긋불긋 좀 야한 벽지로 바른 벽은 쥐오줌 자국이 어지러웠고 천장 한구석은 비가 샜는지 얼룩이 요란했다.

불만 켜져 있을 뿐 아무도 보이질 않았다.

"누구 없어요?" 하고 두어 번 소리를 지르자 그때서야 한 여자가 주방 쪽에서 쪽문을 열고 얼굴을 내밀고 말했다.

"차茶는 없고요. 술은 있습니다."

짐작대로였다.

"아무거나 주세요." 그녀는 잠시 후 쟁반에다 맥주 몇 병과 구멍가게에서나 파는 조잡한 비닐봉지에 담긴 땅콩안주를 담아 내 왔다. 7시가 조금 넘었을 뿐인데 밖은 오밤중이다.

술을 따르면서 여자가 말했다.

"여기 남은 술만 다 팔면 떠날 거예요."

주인은 보상비 다 챙겨 벌써 도망갔고 자기 돈으로 사서 팔던 술만 다 팔리면 그녀도 떠날 거라면서 허무한 얼굴로 천장을 올려다봤다.

"아저씨가 오늘 여기 있는 술 다 팔아줘요." 하면서 서글프게 웃는다. 둘은 앉아 어지간히 마셨다. 여자도 그새 술이 취했는지 몇 번인가 화장실을 다녀왔다. 얼굴이 불그스름했다.

"왜, 여기까지 흘러 왔는지 묻지 않아요?"

나는 여자를 쳐다봤다. 그녀는 내 앞에 있는 담배를 하나 꺼

내 물고는 혼자서 독백하듯 중얼거렸다.

“이런데 있는 여자, 누구나 그렇듯이…… 누구나 다 그렇듯이……. 결국 삼류소설이죠 뭐.”

지지리궁상을 떠는 가난이 싫어 집을 나와 이곳저곳 떠돌다 운명처럼 한 남자를 만났다고 한다. 돈 많고 멋있는 남자들도 많았는데 오히려 궁색해 보이는 그 남자에게 마음이 끌린 것은 운명이 아니겠느냐고 말하면서 여자는 허공같이 깊어진 눈을 들어 천장을 한 번 올려다봤다. 어깨를 두 손으로 감싸 안은 그녀는 겨울나무만큼이나 춥고 삭막해 보였다. 천년만년 같이 살자고 손가락 걸고 맹서를 해도 그게 가당치도 않다는 걸 다방 레지에 불과했던 그녀가 더 잘 알았다. 늦은 시간까지 다방 문 열어놓고 휑하니 빈 골목을 내다보며 하마 올까, 하마 올까 하다가 울어버린 일이 그 얼마였는지를 말하면서 여자는 기어이 눈물을 떨궜다. 그래도 그녀는 그때가 좋았다고 회상한다. 볼 때마다 가슴이 설렜고 혹시나 하는 꿈이 있어서 좋았다고 했다.

묵은 상처에서 피가 흐른다. 누구에게는 객쩍은 소설이 되겠지만 당사자에겐 가슴 저리고 여한 많은 사랑이 되리라. 바람이 창문을 흔들고 지나간다. 여자도 흔들린다.

"그게 아마 사람들이 말하는 첫사랑인가 봐요."

여자는 말을 끊고 가만히 바람소리를 듣는 듯했다.

"이런 날…… 바람 불고, 창문이 덜컹거리는 이런 날은…… 이런 날은, 좀처럼 잠이 오질 않아요. 술이라도 한 잔 마셔야 잠이 들곤 해요." 하면서 빈 잔에 넘치도록 따라 마셨다.

"우습죠?" 어깨가 드러난 라운드 티 때문인지 여자의 긴 목이 파르르하게 서러워 보였다. 때로는 속고, 때로는 매달리면서, 때로는 악을 쓰면서 질경이처럼 질곡의 세월을 견디어온 여자의 눈물이 이 황량한 시골 분위기에 더해져 내 감성을 자극했다.

"이제 어디로 갈 건데?"

"이제 술집밖에 더 있겠어요?"

그녀의 절망은 깊고 아늑하게 느껴졌다.

"나 잘 데가 없는데……. 여기 홀에서 좀 자면 안 될까?"

"편한 대로 하세요. 원하시면 제 몸도 사세요. 몸 파는 여자는 아니지만 어차피 팔아야 될 몸이니까요."

그렇게 말하는 여자의 눈에는 그렁그렁 눈물이 맺혔다.

세상천지에 어디 등대고 비빌 곳 한 곳 없는 이 가련한 여자가 이제 할 수 있는 일은 웃음 팔고 몸 팔며 술 따르는 게 전부일 수 있으리라. 얼마 되지 않는 돈마저 까먹고 여자는 추한 까마귀가 되어 거리에서 연명할지도 모른다. 그러다 어느 날, 병이라도 들면 낯선 도시 뒷골목 어느 후미진 골방에서 뒹굴다가 혼자 외롭게 죽어갈지도 모른다.

여자의 여생이 눈에 잡히듯 훤하다. 방으로 들어간 그녀는 불도 켜지 않은 채 숨을 죽이고 우는 소리가 들렸다. 풋사랑이 아니었을 것이다. 그녀는 정말 그 남자를 깊이, 깊이 사랑했을 것이다. 목구멍까지 차오르는 울음을 참느라 꺼억꺼억하는 소리만 들렸다.

이튿날 새벽, 다방 문을 나서는데 차가운 가을바람이 등을 친다. 소파에서 불편한 잠을 자서인지 한층 더 으스스하다. 온 산은 홍엽紅葉이고 안개는 산허리를 감고 돈다. 이따금 바람이 한 차례씩 불 때마다 낙엽이 비 오듯 우수수 떨어진다. 먼 하늘에서는 기러기 몇 마리가 북녘을 날고 있다. 무서리인가. 들판이 허옇다.

나는 첫차로 한수를 떠났다. 서울까지 갈 수 있는 차비만 남기고 술값을 카운터 위에 남겨두고 나왔다. 아마 오후에는 그녀도 이곳을 떠나리라. 제천 어디쯤 있는 직업소개소를 찾아가 일자리를 부탁하고 재수가 좋으면 오늘 저녁부터 술상에 앉아 술을 따르리라.

나는 뒤를 돌아다봤다. 버스 뒤창으로 보이는 다방 건물은 먼지에 덮여 뿌옇게 흐려 보였다. 그녀가 창밖으로 손을 흔드는 것 같았는데 버스는 이미 모퉁이를 돌고 있었다.

아침의 외출

내가 주말마다 시골에서 올라가 기식(?)하는 서울 아파트는 지은 지 오래되어 제법 녹지대도 있고 아파트와 나란히 붙은 공원도 있다. 거기에는 어린이 놀이기구도 있고 아침, 저녁으로 분수도 시원스러운 물줄기를 뿜어내며 약간의 운동기구들도 설치되어 있다. 그리고 노인들을 위한 원두막 같은 그늘집도 2채나 있다. 모두 마루를 깔아 신발을 벗고 올라가 한담도 나눌 수 있고 낮잠까지 한숨 잘 수 있도록 꾸며 놓았다. 하나는 남성용이고 다른 하나는 여성용이다. 그런데 남성용, 말하자면 할아버지 그늘집은 툭 하면 모여 앉아 술타령이나 하고, 취하면 서로 삿대질하며 싸움까지 한다는 민원이 들어와 행정기관에서 평상을 걷어 내고 벤치의자만 설치해 놓았다. 어쩌다 배짱 좋은 할아버지들이 슬슬 할머니들의 원두막을 차지해 보려고 침입이라도 할라치면 할머니들이 떼거지 일어나 고래고래 소리를 지르고 야단을 쳐 쫓아버린다. 여자들이 늙어지면 남자들보다 더 사나워진다는 사실을 그들은 깜박 잊은 건지, 아직도 뜨거운 맛을 못 봐서인지 모르지만 할머니들의 삿대질에 혀를 내두르고 멀찌감치 물러나고 만다. 그런 일이 몇 번 있고부터는 할아버지들이 감히 할머니들의 그늘집으로 갈 생각을 못한다. 대개는 나무 그늘 밑에 놓인 벤치에 앉아 있곤 한다.

특히 아침나절에 그렇게 혼자 나앉은 할아버지들이 많다. 보통 가정의 아침은 바쁘다. 아이들 챙겨 학교 보내고, 가장家長 출근시키고 식구들이 다 나간 다음에는 집안 청소도 해야 하고……. 이렇듯 온 식구들이 바쁜 아침시간에 할아버지는 할 일이 없다. 할머니들은 그런대로 이것저것 도울 일이 있지만 할아버지는 오히려 방해만 된다. 대개가 자식들 분가시키고 노부부가 사는 집이 많긴 하지만 그나저나 마찬가지다. 그래서 대개가 헛기침 한 번 하고는 뒷짐지고 점잖게 집을 나온다. 이른 아침에 어디 갈 데도 없으니까 공원에 나앉아 있다. 늙으면

밤에 잠이 잘 안 온다. 어찌어찌 잠들어도 2시간 사이클이다. 2시간 정도 자면 반드시 깨고 다시 잠들려면 2시간 정도는 숭강이를 해야 한다. 그리고 낮에는 시간불문, 장소불문하고 꾸벅꾸벅 존다. 그렇듯 쫓겨나다시피 공원에 나앉은, 할 일 없는 노인들은 벤치에 앉아서 이 생각, 저 생각 하다가 종래에는 졸고 만다. 모두가 출근하고 집안 청소가 끝나면 할멈이 부를 때까지 그렇게 보낸다. 밥 한술 얻어먹고는 이번에는 경로당 출근이다.

내 친구 중의 하나가 60을 갓 넘겼을 때, 하는 일 없이 집안에서 어슬렁거리기가 민망해 동네 경로당에 나간 일이 있었다. 비교적 바둑을 잘 두는 편이어서 거기서 그렇게 괄시 받을 것 같지 않을 것 같아 나갔는데 웬걸, 숫제 어린아이 취급이다. 가장 어리다보니까 심부름이란 심부름은 다 시킨다. 담배 심부름, 술심부름 등등 엉덩이를 붙이고 앉아 있을 시간이 없다. 그는 경로당 출근을 중단하고 말았다. 경로당, 거기도 적당히 돈을 풀어야 하고, 경력도 웬만해야 하고, 그것마저 여의치 않으면 소위 말발이라도 좋아야 하고 나이가 많아 원로 대접이라도 받아야 한다. 나는 일주일에 2—3번 정도는 그 공원 앞을 지나다녀야 한다. 내가 가고자 하는 곳이 대개는 그 앞을 지나야 하기 때문이다.

어느 봄날이었다. 그날따라 가지런히 놓인 4인용 벤치에 노인들이 한 명씩 앉아 하나같이 꾸벅꾸벅 졸고 있었다. 바람은 왜 그렇게 무심하게 부는지, 바람에 휘날리며 함박눈처럼 떨어지는 벚꽃은 유장하여 마치 한 폭의 감동적인 그림에 다름 아니었다. 하지만 머리에 떨어지는 꽃잎을 털어 내듯 간신히 눈을 뜨고 머리를 흔드는 노인들의 눈빛은 겨울 하늘만큼이나 삭막했고, 끌로 판 듯 깊게 고인 이마의 주름이며 떡갈나무 등걸처럼 메마른 손. 하회탈 같은 시니컬한 표정은 세상을 험하게 살아온 자의 깊은 허무가 엿보였다. 그들이 젊었을 때 이런 모습을 상상이나 했을까. 무슨 생각을 그렇게 골똘히 하다 허망하게 생각의 끈을 놓아버리고 저렇듯 절망하듯 잠의 수렁으로 빠져든 걸까? 젊었을 때의 빛나던 삶의 한때를 생각하는 걸까? 얕은 배움과 가벼운 재주뿐이면서도 우쭐대지는 않았는지를 반성하는지도 모른다. 아니면 허무한 인생, 왜 그렇게 치열하게 살았을까 싶은가? 결국은 장강의 뒷물이 앞 물을 밀어낸다더니 그냥 운명이라고 체념하는 걸까? 그저 저도 아니면 잊어 버렸고, 이미 생각조차 나지 않은 기억이 까마득 한, 먼 아주 먼 옛날에 헤어진 연인으로부터 온 편지를 상기하고 있을지도 모른다. 누구에게나 한때의 분홍빛 삶이 있듯이 말이다. 그러나 이렇듯 나날이 비루해지고 희망은 봄날의 저 벚꽃처럼 산산이 흩어져 내릴 줄 상상이나 했을까. 죽는 일보다 더 어려운 것은 살아있는 것이라는 생각에 간단없이 우울해진다.

퇴영退嬰의 슬픔을 본다.

그리움도 미움도 떠나고 없는 '빈터' 같은 풍경.

네 마리의 말馬이 끌듯 빠른 세월을 한탄하고 우산牛山에 지는 해를 원망하는 듯하다. 정물처럼 앉아있는 노인들이 꾸벅거리고 조는데 어찌 내 마음이 이리 허허虛虛로울까. 울어야 할 때도 이 악물고 울지 않았는데 이제는 울지 않아도 되는데 벚꽃 나무 밑에 앉아 꾸벅꾸벅 조는 또래 노인네들의 모습들이 꼭 내 처지 같아 눈시울이 젖는다.

나 역시 그들과 별다르지 않다는 것을 알기 때문일까?

저 봄날의 분분한 낙화처럼 가망 없이 추락하는 내 인생의 말년을 보든 듯해 우울해진다. 살아있는 것이 아니라 단지 죽지 않았을 뿐이다. 시의 한 구절처럼 '꽃 지는 아침은 울고 싶어라.'

전화, 잘못 걸렸습니다

1980년대 한국방송은 큰 시련을 겪었다. 군사 정권이 들어오면서 방송 통폐합이 단행되었고 모든 민간방송이 공영방송인 KBS로 통폐합되었다. 이 과정에서 외형적으로 성과가 없었던 것은 아니었다. 군부정권의 정통성을 입증시키기 위한 일환이었겠지만 드라마 부분에서 〈TV문학관〉을 신설, 기획하여 성공시켰고, 교양부분에서 기획된 〈이산가족 상봉〉 프로그램은 한국방송사에 획을 긋는 큰 족적을 남겼다. 그리고 히틀러 선전상 괴벨스(Goebbels)의 〈빵과 오락〉이라는 이론에 따라 기획된, 여의도 광장에 수백만의 군중들을 모아놓고 한국 대표 가수들을 다 불러내 한바탕의 잔치를 벌이는 〈국풍81〉은 한동안 주목을 받긴 했지만 자원의 한계성과 레퍼토리의 다양성을 확보하지 못했을 뿐 아니라 매번 매머드 급으로 제작하여야 하는 부담으로 인해 곧 폐지되고 말았다. 그 후 다시 포맷을 성악가들이 대중가요도 클래식하게 부르는 소위 '클로스오버(crossover)' 음악으로 바뀌는 등 여러 차례 시련을 겪으면서 〈열린 음악회〉라는 이름으로 유지되어오다가 최근 〈젊은이의 행진〉이라는 프로가 폐지되면서 당초의 기획의도와는 달리 젊은이들의 음악까지 수용하면서 지금의 〈열린 음악회〉는 젊은이들의 놀이판이 되고 만 평범한 쇼 프로그램이 되고 말았다.

어찌되었든 방송통폐합 과정에서 방송국 내부는 지독한 몸살을 앓았다. 방송의 철학과 추구하는 바가 각각인 여러 집단이 서로 뒤섞인 탓이다. 당시 나는 막 연출로 데뷔한 신인 연출자에 지나지 않았다. 그것은 내가 라디오 드라마를 연출하다 TV로 넘어왔기에 거의 신인 연출자나 진배없었다. 내가 연출할 차례가 되었을 때, 나는 사비私費를 써가며 드라마를 만들었고 덕분에 나는 다른 연출자들보다 일찍 연출자로서의 지위를 획득했었다. 당시 KBS에서는 직원들의 이념이 양분되어 있었다. 민방에서 넘어온 연출자들은 주로 시청률을 중시한 반면, KBS

출신들은 작품성을 우선시했다. 따라서 민방출신들은 어떤 인기탤런트를 기용하느냐에 따라 드라마의 시청률이 결정된다고 믿었던 만큼 민방출신 탤런트들의 기세는 대단했다. 탤런트들은 연출자에게 연출을 가르치려 들기도 하고, 자기 눈에 안 차면 연출자 말을 듣지 않고 무시하기까지 했다. 반면 KBS 출신들은 어떻게 하든지 자기의 개성을 드러내 보이려는 의도에서 작품성에 더 치중하려 들었다.

그러던 어느 날 나는 무심히 AFKN 라디오를 듣다가 〈Sorry, Wrong Number〉라는 눈에 번쩍 뜨이는 라디오드라마 한 편을 들었다. 내가 영어가 유창해서 그 드라마를 알아들은 것이 아니라. 라디오의 특성을 최대한으로 살린 음향효과와 짧은 언어로 엮은 미스터리 드라마였기에 이해하는데 큰 애로가 없었을 뿐 아니라 그것만으로도 해석이 가능했다. 그러다 기회가 왔다. TV방송이 KBS와 MBC, TBC로 구분되어 있을 때 MBC의 〈수사반장〉과 〈전원일기〉 등이 타 방송의 추종을 불허할 정도로 인기를 누리고 있었는데 이에 TBC에서 여기에 대항해 만든 프로가 〈형사〉라는 프로였다. 당시 TBC는 자사 인기 탤런트들을 총 동원해 캐스팅을 하고 야심차게 시작했지만 〈수사반장〉을 따라잡을 수는 없었다. 그러다 방송이 통폐합되면서 KBS로 넘어왔다. 당시 KBS사장은 대대적인 물갈이를 시도하면서 햇병아리 수준의 나를 〈형사〉 연출자로 캐스팅했다. 대체적으로 이런 식의 물갈이는 신인 수혈을 통해 경쟁의식을 유발시키자는 의도가 다분하기 마련이다. 내가 연출자로 배정되어 서로 수인사를 하는 과정에서 탤런트들은 나를 길들이려고 모습이 역력해 보였다. 특히 형사 반장역을 맡고 있던 모 탤런트는 그때까지 모든 사건을 반장인 자신이 해결하는 방식으로 드라마를 유도해 왔고, 연출자들도 그 탤런트의 기세에 눌려 시추에이션 드라마인데도 항상 그가 주인공인, 일인(一人) 드라마형식으로 만들고 있었다. 다른 4명의 형사들이 있었지만 그들은 대사 몇 마디하고는 끝이었다. 상견례하는 자리에서 나는 그들에게 돌아가면서 주인공을 시키겠다고 선언했고 실제로 그렇게 진행했다. 더구나 당시 KBS사장은 모 신문사 일본 특파원을 하면서 일본 NHK 프로에 매료되어 있었고 KBS를 NHK수준으로 끌어올리는 것이 당신의 목표였다. 말하자면 작품성에 더 가치를 두는 경영방식이었다. 앞서 만든 몇몇 내 프로가 그런대로 호평을 받으며 좋은 출발을 함으로써 나는 다크호스로 떠올랐고 이어

곧 여름이 닥쳤다. 나는 여름특집 같은 것을 기획했고 곧 그 드라마가 떠올랐다. 일단 작가와 의견을 나누었다. 작가는 그 자리에서 OK했다. 드라마를 들은 일도 없는 작가를 걱정했더니 작가는 드라마적 시추에이션(situation)만으로도 충분하다며, 대사는 우리의 일상의 대사여야 하기에 차라리 듣지 않는 편이 더 낫다며 한 번 해보자고, 나보다 더 흥분해서 열의를 보였다. 그런데 내가 하고자 하는 그 〈전화 잘못 걸렸습니다〉라는 드라마는 형사가 단 한 명이면 되는 드라마였다. 공교롭게도 반장이 빠지게 될 차례였다. 당연히 수사반장은 대사 한마디로 끝날 수밖에 없었다. 그 대본을 본 그는 즉각 제작국 사무실로 나를 찾아와 댓바람에 소리를 질렀다. "뭐 이런 새끼가 다 있어!"라고. 한 성질 하는 나도 "뭐야, 눈에 보이는 게 없어?" 하며 맞대꾸를 하면서 싸움이 붙었다. 다음 날 아침 〈일간스포츠〉 일면 톱으로 KBS 연출자와 TBC탤런트가 멱살잡이를 하면서 싸웠다는 기사가 나왔다. 방송국이 발칵 뒤집혔다. 나는 정직하게 해명하고 드라마는 한 사람을 위한 드라마도 아니고, 또 드라마제작의 주체는 어디까지나 연출자임을 강조했다. 드라마가 객관성이 없어 보이면 내가 그 어떤 질책이라도 달게 받겠다고 다짐까지 했다.

보고를 받은 사장은 아무런 말도 없었다고 했다.

오리지널 그 드라마는 뉴욕의 어느 평범한 가정에서 일어난 일을 소재로 삼았는데, 주인공인 여자는 휠체어 없이는 다닐 수 없는 장애인으로 설정되어 있었다. 주말에 사무실에서 야근을 하고 있는 남편에게 전화를 걸었는데 전화가 혼선이 되어 통화 내용을 듣게 된다. 그 내용인즉, 남편이 어떤 남자에게 자기 아내를 오늘 밤 살해하라는 오더를 내리는 내용을 듣게 되는 데서부터 이야기는 시작된다. 매일 밤 9시경에 아파트 앞으로 전철이 지나가고 그 집 앞을 지날 때는 기적을 울리게 되어 있으니까, 그 순간을 이용해 죽이라는 오더를 누구에게가 지시하는 내용을 듣게 된 것이다. 그때부터 여자는 사방으로 구원을 청한다. 주말인 관계로 그녀에게 도움을 줄 사람은 하나같이 외출을 했거나 부재중이었다. 경찰서에 전화를 하지만 경찰은 계속 통화중 신호만 걸린다. 어디에도 그녀를 구해줄 지인은 없었다.

그때부터 드라마는 클라이맥스로 치닫는다. 시계는 9시로 치닫고 누군가가 계단을 밟고 올라오는 소리가 삐거덕거린다.(엘리베이터가 없는 아파트로 설정했음) 여자는 미친 듯이 경찰서로 다이얼을 돌린다. 동시에 계단을 올라오는 소리도 점점 더 선명해진다. 그리고 저쪽 어디에서 전철 달려오는 소리가 희미하게 들리기 시작한다. 여자는 미친 듯이 다이얼을 돌린다. 통화중 신호만 간다. 전철이 달려오는 소리와 계단을 올라오는 삐꺽거림, 그리고 여자의 가쁜 숨소리, 다이얼 돌리는 소리, 다시 통화중 소리 등이 서로 컷백(cut back)된다. 전체적인 분위기를 위해 나는 비 오는 날로 설정했다. 제목도 〈우기雨期〉로 바꾸었다. 드라마 내내 비 오는 소리는 분위기를 더욱 불안하고 음침하게 만들었다.

마침내 문이 열리고 남자의 발걸음 소리가 들린다. 숨도 크게 못 쉬는 여자의 공포의 질린 신음이 이어진다. 여자는 사력을 다해 다이얼을 돌린다. 그때 전철이 "삐익" 하는 긴 신호음을 뽑아낸다. 다른 그 어떤 소리도 다 죽이고 경적소리만 크고 길게 들린다. 그런 소리도 사라지고 전철소리도 서서히 페이드아웃(fade out)되고 난 후 조금은 긴 침묵이 흐른 후, 전화기 필터에서 소리가 들린다. "여보세요. 말씀하세요. 경찰서입니다." 그때 투박한 발걸음 소리가 들리고. 이어 전화기를 집어 드는 소리가 이어지고, 굵고 기분 나쁜 남자의 목소리가 흐른다. "전화 잘못 걸렸습니다." 짤깍, 전화 끊는 소리에 이어 엔딩음악이 흐른다. 원작은 그렇게 끝나지만 이 드라마가 시민들의 생명을 지키기 위한 형사들의 이야기인 만큼 주인공 여자를 죽도록 내버려두어서는 안 된다는 여러 의견에 따라 아파트 베란다에 형사가 숨어 있다가 범인을 잡는다는, 약간 싱겁게 끝나긴 했지만, 끝까지 포석을 밝히지 않는 의도가 성공해 시청자의 눈을 떼지 못하게 했다. 50분이 약간 넘는 드라마인데 숨 한 번 쉴 수가 없었다.

방송되는 날, 하늘이 도와주었는지 장대 같은 비가 내렸다. 마치 드라마처럼. 이튿날 사장은 그랬다. 납량특집은 그렇게 만들어야 한다고.

옛날 이야기

한수산 원작의 〈회선回船〉이라는 〈TV문학관〉을 촬영할 때였다. 이 드라마는 어떤 무인도에 큰 공사판이 벌어지고 있다는 확인 안 되는 소문만을 믿고 가는 일단의 군중들을 중심으로 한, 허망한 욕망을 그린 드라마였다. 날품을 팔러 가는 막노동꾼, 함바집 같은 식당을 차리려는 사람, 그 막노동꾼들을 상대로 돈을 벌려는 창녀들까지 싣고 가는 배 안에서 벌어지는 원 세트 드라마(one set drama)다.

저마다의 꿈을 자랑하면서 배가 한참을 왔을 때 갑자기 전기가 나가버린다. 그러자 막노동꾼 하나가 창녀의 몸을 더듬는다. 그러자 창녀가 "어떤 새끼야. 손 못 치워." 하고 소리를 친다.

나는 이 장면에서 모든 조명을 다 끄고 화면을 새까맣게 만들고 오디오(audio)만 살리라고 주문했다. 그러자 카메라맨이 자기는 그렇게 할 수가 없다고 거부했다. 얼굴 윤곽이라도 살려야지 그렇게는 하는 법은 없다는 것이다. 아니 연출은 내가 하는 거지, 당신이 하는 것이 아니지 않는가. 그러자 카메라맨은 그런 화면은 방송 사고를 유발하는 위험한 짓이라는 것이라고 항변했다. 나는 그게 '사실 조명'이다. 사고 나면 내가 책임진다고 했지만 그는 말을 듣지 않았다. 그 카메라맨은 나보다도 선배이면서 TV문학관 제작 경력이 많으며, 특정 PD와 숱한 문제작을 만들어 낸 말하자면 베테랑 카메라감독이었다. 그런 만큼 자기 영상에 대한 고집도 대단한 사람이었다. 반면 나는 경력이 일천한 아직 애송이 PD에 불과했다.

당시는 모든 PD들이 자기 전담 카메라맨이 있었다. 그런데 서로 스케줄이 어긋나 내 전담 카메라맨을 배정받지 못했다. 나는 다시 제안을 했다. 두 가지로 찍자. 얼굴 윤곽을 살리고 찍고, 불을 다 끄고 찍자. 내가 골라 쓰겠다. 간신히 타협을 해 찍었다. 그 후 촬영기간 내내 카메라맨은 "그렇게 찍으면 안 되지! 이렇게 찍어." 하며 딴죽을 걸었다. 그러나 나는 내 고집대로 찍었다. 자기 고집이 없는 사람은 결코 성공하지 못한다는 신념을 나는 갖고 있다. 비록 실패할지라도, 그렇게 하면 안 된다는 귀중한 교훈을 얻을 수 있기 때문이다.

연출에는 두 가지 기법이 있다. 에이젠슈테인의 몽타주 이론이고, 또 다른 이론은 앙드레 바쟁의 미장센 이론이다. 몽타주 이론은 컷(cut) 하나하나에 의미를 담아 '통합적 의미'를 만들어 내야 한다는 이론이며, 미장센 이론은 미학개념의 이론으로 주로 '길게 찍기(Long Take)'를 지양하는 이론이었다. 따라서 몽타주 이론의 추종자들은 커트 하나 하나를 잘게 쪼개기 때문에 카메라 포지션 이동이 잦은 반면, 미장센 연출자들은 연출의 의도에 맞는 미학적 그림을 찾아내기만 한다면 길게 찍는다. 간단하게 끝날 수 있다. 카메라 이동이 많아지는 몽타주 취향의 연출자들을, 카메라맨들은 기피하는 경향이 있다. 그 카메라맨과 나는 영상에 대한 이해가 서로 달랐다. 나는 묵묵히 내 고집대로 찍었지만 서로가 비웃었다. 나는 내가 고집한 영상으로 편집해 방송했다. 그리고 두 번 다시 그와 일을 하지 않았다.

지금은 많이 달라지고 개선되었지만 1960－70년대 방송국은 거의 엔지니어들의 시대였다. 카메라맨을 비롯한 엔지니어들의 횡포에 PD들은 쩔쩔맸다. 카메라맨이 심통이 나면 툭하면 못하겠다고 소리를 질러댔고, 기술감독들도 스위치를 꺼버리고 녹화장을 나가버리곤 했다. 그러면 PD들은 정당하든 아니든 무조건 달래야 했다. 그것은 엔지니어들 대부분이 문화공보부 산하 국립영화제작소나 영화계에서 일정기간 노하우를 쌓은 이력들이 있었고, PD들은 연극연출을 했거나 영화계에서 있다 들어온 사람일지라도 메가폰을 잡아본 감독들이 아니라 고작해야 서드(third)정도여서 드라마제작의 노하우가 그렇게 풍부하지가 않았다. 그러다 보니 엔지니어들에게 의지할 수밖에 없었고 야외촬영도 카메라맨이 '이건 안 돼.' 하면 안 되는 거였다.

처음 내 데뷔작품도 카메라맨 때문에 무척 고생했다. 원하는 카메라맨이 없었던 것은 아니었지만 처음 시작하는 나에게 그런 특혜가 돌아올 리가 만무했고 카메라실에서 비교적 나이도 지긋하고 경험이 많은 카메라맨을 붙여 주었다. 그러나 그는 경험이 많은 반면 심술이 대단한 사람이라고 소문이 난 사람이었다. 나는 크랭크 인 하기 전에 저녁까지 사 주면서 아직 신인이라 잘 모르니까 잘 지도해 달라고 정중히 부탁까지 했다. 그러나 듣던 대로 그는 툭하면 안 된다고 거절했다. 눈 속에 배우를 묻어 놓고 찍는 신(scene)인데도 꼬장을 부리며 못 찍겠다고 카메라를 잠그고 딴짓을 했다. 감독은 이리 뛰고 저리 뛰는데 도와 줄 생각은 않고 한가하게 배우들을 잡고 "감독이 뭘 몰라서 큰일이야." 하며 험담이나 하며 어슬렁거렸다. 고생 고생하면서 첫 작품을 끝내고 두 번 다시 그를 쳐다보지도 않았다.

나는 TV문학관을 맡고부터 전담 카메라맨을 탐색했다. 그러나 쓸 만한 카메라맨은 다 선배들이 차지하고 남은 카메라맨은 모두 그만그만했다. 그중에서 영화판에서 카메라를 잡다 방송국으로 들어온 아주 심술꾸러기 카메라맨이 눈에 들어왔다. 그는 신명만 나면 물불을 안 가리지만 비위가 상하면 못 말리는 사람이었다. 그와 비슷한 동기들은 다 전담 PD가 있어 〈TV문학관〉 한 프로만 하고 상도 타고 여유를 부리는데, 그는 아침마다 이 프로 저 프로 허접한 프로들만 배정받아 촬영 나가는 것을 무척 자존심 상해하는 것 같았다. 나는 그를 꼬였다. 대신 성질 부리면 안 하겠다고 못을 박았다. 그는 흔쾌히 그러자고 했다. 그 후 나는 그 카메라맨과 호흡을 맞추어 오랜 세월 동안 같이 했고 그가 현역에서 은퇴하고 난 후 내 나이 또래의 카메라맨과 같이 말년에 기억에 남는 좋은 프로들을 많이 만들었고 상도 많이 탔다.

영상이 귀한 시대의 풍속도였고 옛날 이야기다.

그러나 지금은 TV를 보고 있으면 더 이상 영상은 귀한 것이 아니라는 생각이 든다. 내가 퇴직할 때만 해도 헬기 한 번 띄우려면 갖은 로비를 다 해야 겨우 2시간 정도 사용할 수 있었다. 헬기는 뉴스를 위한 것이기 때문에 드라마 촬영을 위해서는 사정사정해야 일 년에 한 번 정도가 고작이었다. 그러나 요즘은 '드론(drone)'이라는 아주 간편한 장비가 있어 언제 어디서든지 원하는 영상을 얻을 수 있고, 카메라도 옛날처럼 귀한 장비가 아닌 만큼 한 작품에 카메라맨이 4–5명 붙는 건 보통인 듯하다. 이처럼 영상이 귀하지 않다 보니 이제는 카메라맨이 중요한 것이 아니라 찍은 영상을 어떻게 배열하느냐, 즉 편집에 초점이 맞추어지는 것 같다. 그러나 영상은 흔해졌지만 장인정신이 느껴지는 미학적 영상은 보기 어렵다.

흔한 것은 감동을 주지 못한다.

어떤 PD의 죽음

그가 죽었다는 연락이 왔다.

처음에는 믿어지지가 않았다. 그는 누구보다 건강했고 그런 만큼 열정적이었기 때문이었다. 70이 넘은 나이에도 남들이 과욕이라고 혀를 찰 만큼 일에 욕심을 냈다.

장안에 화제가 되었던 작품만 해도 수편이 되고 그 명성은 장삼이사라도 그 이름만 들어도 아, 그 사람! 하고 감탄할 정도로 방송가에 몇 안 되는 소위 '명연출가' 소리를 듣는 PD 중의 한 사람이었다. 그런 그가 조락凋落의 조짐이 보이기 시작한 것은 퇴직을 몇 년 앞둔 무렵부터였다. 그는 갑자기 꼭 한번 해보고 싶은 작품이라며 '쌍팔년도'식 멜로드라마 한 편을 들고 나왔다. 많은 사람들이 우려하고 말렸지만 그는 확고했다. 그러나 그 작품은 한 편으로 끝나는 단막극이 아니라 무려 100부작으로 기획했고 많은 사람의 우려대로 참담한 실패로 끝났다.

그는 그로 인해 프리랜서를 선언하고 조기퇴직을 했다. 프리랜서는 방송 3사, 어느 방송국 프로도 다 연출할 수는 있지만 스스로 몸을 낮추어 자신이 일거리를 찾아야 했다. 그는 나의 사부師父이기도 했지만 나에게 의논 한마디 없이 자신의 거취를 결정했다. 나중에 안 일이었지만 그는 처음 입사할 때 자신의 신상에 관해 속인 것이 들통이 나 스스로 나갈 수밖에 없었다는 소문이 났다. 그가 입사할 당시는 증명서류 첨부 없이 유력인사의 연줄로 이력서 한 장으로만 들어온 사람들이 대부분이었다. 수년이 흐른 후 한 직원의 경력이 우연히 허위로 드러나면서 전 직원의 경력을 다시 조회하는 일이 벌어졌고 50여 명이나 되는 직원들의 거짓말이 들통이 나 대부분이 간부들인 그들은 평직원으로 강등되거나 퇴직하거나 했다. 그가 거기에 걸려 스스로 나갈 수밖에 없었다는 것이다.

그러나 그는 프리랜서로 나가 보기 좋게 한 작품을 크게 성공시켜 자신을 쫓아낸 방송국의 처사가 크게 잘못된 것임을 증명해 보였다. 그는 다시 재기하는 듯했다. 그러나 대부분의 성공한 사람들이 그러하듯 시대에 따라 삶의 모양이나 철학도 변한다는 사실을 애써 외면하며 자신의 신념과 철학만이 옳다고 철석같이 믿는 경향이 있듯 그 역시도 그러했다. 방송은 유행의 문화이며 시류에 따라 시청자의 호불호가 바뀐다는 사실을 그는 부인했다. 그는 이야기만 재미있으면 된다는 식이었다. 다시 말해 시대는 변하는데 그 변화를 따라가지 못한 것이다. 그것은 프리랜서로 나가 크게 성공한 작품이 그런 유의, 다시 말해 과거의 다소 진부한 멜로에 용팔이식 폭력을 가미한 재미위주의 드라마였는데도 그것이 시청자들에게 먹혀들었다는 사실에 고무되어 있었다. 그것은 우연이었고 행운이었다는 것을 그는 인정하지 않은 것이다.

때맞추어 종편 방송국이 생기기 시작했다. 처음 종편에서도 드라마를 기획했다. 한 종편에서 100억 원을 투입한 스펙터클한 드라마가 실패로 끝나고 다른 종편에서는 한국 최고의 작가가 쓴 드라마가 시청률 부진으로 중간에 막을 내리면서 종편의 편성방향이 바뀌기 시작할 때였다. 그러함에도 그는 드라마 기획서를 들고 끊임없이 여기저기를 기웃거렸다. 돈도 꽤 많이 벌고 먹고살 만한데 욕심이 지나치다고 사람들이 수군거렸지만 그는 아랑곳하지 않았다. 그러다 잘 안 되자 여권정치권의 유력 인사를 동원해 한 종편에서 연출하게 되었다. 그 작품 역시 보는 사람 없이 참담하게 끝나고 말았다. 그쯤에서 그만두었어야 했다. 그러나 그는 지치지도 않고 끈질기게 기획서를 들고 종편을 찾아다니며 연출을 구걸했다. 그때는 이미 종편에서는 드라마가 전혀 돈이 되지 않을 뿐 아니라 돈 먹는 하마라는 사실을 깨닫고 거의 모든 시간을 뉴스로 채우고 있었다. 그러나 그는 기획서를 들고 부지런히 여기저기를 쑤시고 다녔다.

어쩌다 만나 밥이라도 먹을라치면 “내 나이 70을 넘었는데 이제 더 하겠어? 이게 마지막이야.” 하면서 자신의 욕심을 변명하곤 했다. 그런 말은 그가 작품을 할 때마다 해온 말이다. 그러다 어느 날 “이제 진짜 이거 한 작품만 하고 안 할 거야.” 하며 곧 해줄듯 하면서 안 해주는 종편 사람들을 욕하기 시작했다. 그래서 내가 그랬다. “형, 이제 그만해. 먹고살 만하잖아. 너무 욕심내지 마.” 그러면 그는 곧 받아친다.

“내 나이 70이 넘었어. 내가 언제까지 하겠어? 이제 마지막이야.” 수도 없이 들었던 말을 또 되풀이해댔다. 과하다는 말이

방송가에 돌면서 종편 관계자들이 듣기 좋은 적당한 말로 피해 갔다. 그러자 그는 그것을 낙관적으로 해석하여 곧 뭐가 이루어질 듯이 기뻐하다가 그것이 아님을 알고 이내 우울증에 빠지는 등 감정의 기복이 심해지면서 그것이 암으로 발전하여 세상을 뜬 것으로 추정된다.

그가 퇴직한 후 적당히 마음을 비우고 노후를 즐겼으면 그리 쉽사리, 그리 일찍 세상을 뜨지는 않았을 것이고 그가 남긴 많은 좋은 작품들로 하여 후학들에게 존경 받았을 것이다. 그러나 그렇지 않음으로 해서 그의 말년은 추하게 기억되고 말았다.

≪주역≫ 상구上九 효사에 이르기를 "용이 한계까지 다다르면 반드시 후회가 따른다亢龍有悔."고 했다. 지극히 높은 자리까지 올라간 사람은 그 자리에서 추위를 느끼고 비현실적인 이상을 추구하지 않아야 한다는 말이다. 그가 지극히 높은 자리까지 올라갔는지 어쩐지는 이론이 있을 수 있지만 어느 정도에서 스스로 만족했더라면 보다 행복하지 않았을까?

물극필반物極必反이라는 말, 또한 이와 다르지 않으리라.

전선야곡戰線夜哭

어리버리한 신병 하나가 들어왔다. 잔뜩 겁을 먹은 얼굴을 하고 누가 물어도 당최 대답을 잘 안 했다. 그러나 그는 돈 없고 연줄 없고 학벌 없는 놈들만 오는 이런 최전방 부대까지 올 만한 놈이 아니었다. 그는 대학을 다니다 왔고 그것도 미대美大를 다니다 왔다. 요컨대 그는 가장 중요한 돈과 연줄이 없어서 이곳까지 밀려온 것이다. 그가 불안해 보였던지 중대장은 나에게 그의 저간의 사정 등을 파악해보라는 임무를 주었다. 그러나 실지로 그의 지식수준으로 봐서 대화를 할 만한 상대는 부대 내에서는 없었기에 중대장의 임무 부여가 아니더라도 그와 나는 자연히 친해졌다.

감악산紺岳山의 겨울은 길고 추웠다. 밤이면 어김없이 눈이 내리는 이 외진 산골짜기에서의 군대생활은 그에게 너무나 잔인했다. 자기 차례가 되었는데도 일어나지 않은 고참들을 대신해 밤을 새워 동초動哨를 서지 않으면 안 되었고, 늦잠 자는 예닐곱 명의 고참들을 위해 종종걸음을 치며 취사장에서 아침식사를 타다 내무반까지 갖다 바쳐야 했다. 뿐만 아니라 주말이면 고참들이 무더기로 벗어 놓은 내의를 세탁하기 위해 개울의 얼음을 깨고 하루 종일 빨래를 해야 했고 툭하면 고참들의 군기잡기 기압으로 엉덩이는 늘 시퍼렇게 멍이 들어 있었다. 그의 대학 학벌도 그를 괴롭혔다. 거의가 무학無學이 대부분인 고참들은 툭하면 그를 불러 "너 아는 게 뭐냐."고 억지를 부렸고 그는 "아는 것 없습니다." 하고 고래고래 소리치면 고참들은 피식 웃으면서 "이 자식이 이거 대학 다니다 왔다고 재는 거야, 뭐야." 하면서 사정없이 정강이를 걷어차고 원산폭격을 시켰다. 1960년대의 군대는 폭력과 억지가 난무하는 야만의 집단이나 진배없었다. 나 역시 거기에서 자유로울 수는 없었지만 어쨌든 나는 그 지옥 같은 터널을 빠져 나온 참이었다.

동기생 하나 없이 달랑 혼자 이 전방부대에 떨어진 그의 고통은 다른 사람들의 그것보다 훨씬 더했다. 밤새워 동초를 서고 고참들의 빨래까지 해다 바치느라 손은 동상에 걸려 피가 질질 흘렀고 수면부족으로 아무 곳에서나 졸았다. 들어올 때 창백하고 지성적이던 그의 얼굴은 새까맣고 후줄근하게 변해, 춥고 배고픈 전형적인 육군 이등병의 모습으로 변해갔다. 그러나 그는 주위의 우려에도 불구하고 잘 견디어 나갔다. 그러던 어느 폭설이 쏟아지던 겨울날, 느닷없이 그에게 한 여자가 면회를 왔다. 일반적으로 면회를 오면 연락받기 바쁘게 뛰어나가는 것이 보통이나 그는 면회소로 부터 연락을 받고도 내무반에서 내내 고개를 숙이고 앉아 있었다. 면회소로 부터 몇 차례 독촉을 받고도 나갈 생각을 하지 않고 침울한 얼굴로 앉아 있기만 했다. 내가 면회소까지 데리고 나갔다. 시간은 이미 오후 5시를 넘어서고 있었다.

"멸공, 이병 ○○○!" 하면서 그는 있는 대로 소리를 질러댔다.

얼굴에 살은 올라 있었지만 꾀죄죄한 야전잠바에 시퍼렇게 얼어있는, 너무나도 초라하게 변해버린 그를 쳐다보던 여자는 목젖이 울컥하더니 금세 눈에 가득 눈물방울이 맺혔다. 그녀는 천천히 다가와 곳곳이 터져 피딱지가 덕지덕지 앉아있는 그의 손을 잡으며 간신히 입을 뗐다.

“건, 건강은 괜……괜찮니?”

치미는 울음 때문에 여자는 다음 말을 잇지 못했다. 이등병의 기압이 단단히 든 그는 시종 부동자세를 풀지 않고 대답했다.

“괜, 괜찮습니다.” 순간 여자는 그의 품에 쓰러지듯 안기며 외쳤다.

“영환아! 나야. 정희야!” 그러고는 여자는 그의 가슴을 조그마한 주먹으로 연신 치면서 흐느꼈다. 따라 나온 나는 계면쩍기도 하고 임무도 하였기에 슬그머니 나와 버렸다.(이후의 이야기는 그의 말을 토대로 작가가 재구성한 것이다.)

그들만이 남자, 그는 그제야 그의 품에 안겨서 우는 그녀를 떼어내 눈물을 닦아주면서 말했다.

“이 먼 데까지 뭐 하려 왔어?”

특별 외박을 허락받은 그는 읍내 삼겹살집에서 걸신들린 사람처럼 허겁지겁 술과 고기를 먹었다. 그 모습이 우습기도 하고 불쌍하기도 했던지 그녀는 또 눈물을 쏟아냈다. 한차례 허기를 때우고 정신을 차린 그가 물었다.

“참, 너…… 서울 가야지?”

이미 시간은 7시가 넘어서고 있었다. 눈 때문에 갈려면 빨리 일어서야 했다. 그녀는 대답 대신 손톱을 만지작거리다 그를 쳐다보며 어렵사리 말을 꺼냈다.

“나……. 나 말이야……. 유학 갈려고 그래.”

너무 뜻밖인 듯, 그는 그녀를 한동안 멍하니 쳐다보더니 곧 눈길을 피하며 물었다.

“그, 그래, 어, 어디로 갈려고?”

그는 더듬거렸다.

“파리지 뭐.”

그는 술잔을 한참을 내려보다 한 입에 털어넣고는

“그, 그래……. 축하한다.”

그리고는 그는 다시 술을 따라 조금 마시고는 고개를 숙이며 들으라는 듯이 중얼거렸다.

“한 5년?……. 그 이상은 걸리겠지?”

순간 그녀가 발끈했다.

“너 그렇게 밖에 말 못 하니? 왜 이렇게 비겁하니? 너, 나 유학 가는 거 정말 괜찮아? 나 없어도 돼? 나 없이도 살 수 있어! 말해, 나 없어도 살 수 있어?”

속사포처럼 뱉어내는 그녀의 말에 그는 그녀를 멀끔히 쳐다보다가 한달음에 술을 입에 쏟아 붓고는 고개를 숙이고 움직일 줄 몰랐다. 그런 그를 한참이나 바라보던 그녀는 그의 손을 잡고 애원하듯 매달렸다.

"나, 가지 말라고 해. 응. 그럼 안 갈게. 네가 하라는 대로 할게 응?"

그녀의 마지막 말은 거의 울음이었다.

그는 대답 대신 잡힌 손을 빼 다시 술을 따라 마시고는 그녀의 눈을 피하면서 혼잣말하듯 중얼거렸다.

"나……. 제대하려면 아직 멀었고……. 어머니랑, 동생들……."

그녀는 그의 다음 말을 기다렸다. 그는 잠시 침묵하다 결심한 듯 뱉어냈다.

"난, 너한테 줄 수 있는 게 아무것도 없어."

순간 그녀는 버럭 소리를 질렀다.

"나 유학 가? 말아?"

술청에 있던 몇 몇 사람들이 돌아다봤다.

그는 대답을 못했다. 아니 할 수가 없었다. 그녀가 벌떡 일어섰다. 그리고 단호하게 외쳤다.

"나, 오늘 서울 안 갈 거야. 여기서 자고 갈 거야. 이 앞 여관에 있을 테니까 마음 정해지면 그리로 와."

그녀는 유리 미닫이를 열고 나갔다. 어지럽게 흩날리는 눈雪 속을 힘겹게 헤치며 그녀는 빨강 네온이 외롭게 명멸하는 앞집 여관으로 들어서는 모습이 보였다. 그러나 그는 일어설 수가 없었다. 날카로운 바람이 창문을 두드리는 어설픈 전방의 여관 방에서 외투까지 껴입은 채 그가 방문으로 들어서기를 기다리며 무릎을 감싸 안고 있을 그녀를 생각했지만 그는 그럴 수가 없었다. 홀어머니가 생각났고 밑으로 자기가 부양하고 공부시켜야 할 어린 동생들의 초롱초롱한 눈방울이 밟혔으며 그녀를 자신들의 세계에 편입시켜 그녀의 꿈을 키워줄 자신은커녕 그 자신마저도 그 엄연한 현실을 감당할 수 있을는지 어쩔는지도 가름할 수가 없었다.

그녀가 나가고 그는 술이 깨면 마시고 취하면 고개를 박고 졸았다. 밤새 그렇게 자학했다.(당시 그 전방에서는 잠잘 숙소가 한정되어 있어 술집에서 술도 먹고 잠도 자곤 했다.) 창이 훤히 밝아오고 있었다. 서리가 허옇게 앉은 그 삼겹살집 유리창 너머로 그는 그대로 졸듯이 앉아 있었다. 그녀가 문을 열고 들어섰다. 얼어붙은 유리문이 거친 소리를 내면서 삐꺽거렸다. 그녀는 한심한 듯 그를 잠시 쳐다보다 다가가서 말했다.

"이 바보야, 뭐 그만 일로 밤새워 고민하니? 고단한 이등병이 잠이라도 푹 자야지, 그러다 병이라도 나면 어떡하니?"

그는 고개를 숙이고 아무런 반응도 없었다.

"너무 인상 쓰지 마라. 여기 있으나 파리에 있으나 편지로밖에 소식 못 전하는 건 마찬가지 아냐?"

그녀는 그를 일으켜 세웠다.

눈은 그쳤고 거리는 꽁꽁 얼어 빙판이었다. 바람이 한 번 지나갈 때마다 차가운 눈발이 얼굴을 때렸다. 동네는 쥐 죽은 듯 조용했고 길가는 사람조차도 없는 유령의 마을 같았다. 그는 고개를 숙인 채 호주머니에 손을 찌르고 묵묵히 걸었고 그녀는 그런 그에게 눈을 뭉쳐 던지는 등 장난을 걸었지만 그는 시종 눈길 한 번, 웃음 한 번 주질 않았다.

버스 정류장 역시 한산했다. 간간이 두터운 외투를 덕지덕지 껴입은 아줌마들이 동동거리며 버스를 기다리고 있을 뿐이었다. 표를 끊고 "커피 한잔할래?" 하자 그는 비로소 다방을 한 번 올려다봤다. 그녀가 먼저 다방으로 들어갔다. 아직도 난로는

데워지지 않았고 잠이 덜 깬 레지가 그들을 아니꼽다는 투로 쳐다보고는 엽차를 거칠게 탁자 위로 내려놓았다. 커피 두 잔을 시키고 난로 앞으로 다가앉으며 그녀는 혼잣말처럼 중얼거렸다.

"서울도 추울 거야."

차 시간이 다가올 때까지 그들은 말 한마디 건네지 않고 커피를 마셨고 그리고 나왔다. 삐꺽거리는 나무계단을 먼저 내려온 그녀는 뒤따라오는 그를 기다렸다. 그가 다 내려오자 그녀는 추워서 얼굴이 시퍼렇게 굳어 버린 그의 얼굴을 쳐다봤다. 그도 그녀의 얼굴을 주시했다. 그의 눈이 흔들렸다. 그녀의 크고 선한 눈에 이슬이 맺혔다. 그녀는 그의 야전잠바의 깃을 끌어올려 목을 감싸주었다. 그러자 그는 그녀의 두 손을 감싸고 자기 볼에 비볐다. 처음으로, 만나서 처음으로 그녀에게 따뜻함을 보냈다. 그러자 그녀는 와락 그의 목을 껴안았다. 그리고 그들은 길고 긴 키스를 했다.

"언제 다시 만날지는 알 수는 없지만 이별의 키스치고는 초라하다. 좀 더 근사한 곳에서 해야 하는 건데."

약간 상기된 그를 떼어놓고 정류장에서 시동을 걸고 붕붕거리는 버스 쪽으로 힐끗 시선을 한 번 주고는 그녀는 아무렇지도 않는 듯 말했다.

"갈게."

그녀는 바로 뛰어가 버스에 올라탔지만 그는 호주머니에 손을 찌르고 땅만 내려다보고 서 있었다. 온기라고는 하나도 없는 싸늘한 버스 시트에 몸을 누이면서 그녀는 중얼거렸을 것이다. 마지막이구나. 울지 말아야지, 울지 말아야지를 다짐할 것이다.

버스가 출발하려 하자 그는 무슨 할 말이라도 있는 듯 두어 발자국 버스 쪽으로 다가가다 멈추어 서며 혼잣말처럼 중얼거렸다.

"잘 가……."

버스가 출발했다. 그러자 버스 뒤쪽으로 그녀가 달려와 얼어붙은 유리창을 손으로 문지르며 내다보았다. 망연히 보고 서 있는 그의 눈에 그녀가 들어왔다.

"바보!"

그녀는 그를 향해 그렇게 외치는 듯했다.

그는 시트에 얼굴을 묻고 어깨를 들썩이며 우는 그녀를 외면하고 하늘을 올려다봤다. 하늘은 지랄같이 푸르렀다. 그의 눈에 이슬이 맺혔다.

(이상은 그가 나에게 구술한 내용을 작가가 재구성한 것이다.)

새벽에 귀대한 그는, 그날 내내 내무반 매트리스 더미에 파묻혀 잠을 잤다.(공식적으로 그날 오후 6시까지 외출 중이기 때문이다.) 저녁쯤에 일어난 그는 내게 술 한잔하자고 했다. 그는 허무해 보였다. 분노는 물론, 설음 같은 것도 없는 아주 담담한 얼굴이었다. 그는 그렇게 헤어진 이야기를 하면서 술에 취하자 비로소 PX벽을 주먹으로 치면서 황소 같은 울음을 뱉어냈다. 왜 이렇게 사는 것이 힘드냐고, 왜 이렇게 힘들게 살아야 하느냐고 눈물, 콧물이 범벅이 된 얼굴로 나에게 대들었다. 우리는 밤새워 술을 마셨다. 어디 상처 없는 청춘이 없겠느냐마는 우리에게 부여된 삶의 무게가 너나없이 무거웠던 시절이었다.

그 후 그에게는 그 어느 누구도 면회 오는 사람이 없었다. 내가 제대한 후 그의 소식을 들은 바 없지만 아마 그는 가족들을 위해 화가의 꿈을 접고 극장 간판을 그렸던지(당시의 극장 간판은 거의 수작업으로 그렸다.), 아니면 평범한 샐러리맨으로 살았을 것으로 추측이 된다. 예쁘지는 않지만 마음씨 착한 여자를 만나 노모에게 효도하고 동생들을 훌륭하게 키워낸 이 나라의 모범적이고 성실한 가장으로 말이다.

〈전선야곡〉을 읽고

이상국 수필가

이 수필은 새로운 글이 아니다. 많이 쓰여진 글이고 흔하디흔한 이야기다. 소급해 봐야 해방이후, 6 · 25 동란을 전후한 어느 전선에서 있었던, 있을 법한 이야기에 불과하다. 내용은 진부하다. 똑똑한 대학생이 일선에 입대했고, 절세미인이 면회를 왔다.

"나……, 나 말이야, ……유학 갈려고 그래."

너무 뜻밖인 듯, 그는 그녀를 한동안 멍하니 쳐다보더니 곧 눈길을 피하며 물었다.

"그, 그래, 어, 어디로 갈려고?"

그는 더듬거렸다.

"파리지 뭐."

그는 술잔을 한참을 내려 보다 한 입에 털어 넣고는

"그, 그래……, 축하한다."

그리고는 그는 다시 술을 따라 조금 마시고는 고개를 숙이며 들으라는 듯이 중얼거렸다.

"한 5년?……, 그 이상은 걸리겠지?"

순간 그녀가 발끈했다.

"너 그렇게밖에 말 못하니? 왜 이렇게 비겁하니? 너, 나 유학 가는 거 정말 괜찮아? 나 없어도 돼? 나 없이도 살 수 있어? 말해, 나 없어도 살 수 있어?"

여자는 유학을 가기 전, 마지막 면회를 온 것이다. 아니, 자기와 그와의 관계를 매듭짓기 위해 왔을 것이다.

그러나 이제 갓 입대한 졸병인 그에게는 병영생활만으로도 버겁다. 게다가 노모와 올망졸망한 눈에 밟히는 동생들, 가로놓인 것이 너무 많다. 그런 그에게 사랑은 사치다.

여자는 떠났다.

잘 아는 이야기다. 흔하디흔한 이야기를 팔팔 끓는 냄비로 둔갑 시켜 시장 한복판에 내놓았다. 읽고 나면 따귀를 한 대

얻어맞은 기분이다. 어쭙잖은 감상은 거부한다.

사색하고 고민에 빠지며 인생 전체를 끌어 안고, 암중모색하는 꼴을 못 참아한다. 글은 매몰차고 힘차다. 페미니즘 일색의 몇 년 동안, 수필마저 여성성으로 동화되어가는 세상에 한달음으로 들이닥치는 완력의 글이다. 일상의 언어로 일체의 미사여구를 몽당 뺀 글이다.

한 조각의 사유思惟의 틈도 거부한다. 남자의 글이다.

지문은 날아가고 머릿속에 대화만 남는다. 그것도 일방적인 여자의 말만 남는다. 바위덩어리만큼이나 무거운 거부와 침묵과 애절한 사랑의 절박함이 충돌하는 몇 개의 언어만이 부싯돌의 불꽃으로 남아 생생한 한 편의 드라마를 연출한다.

시 같은 수필, 소설적 수필, 장르를 넘나드는 수필이 항간에 나 돈지 오래다. 〈전선야곡〉은 영상수필로 봐야 한다.

새벽에 귀대한 그는, 그날 내내 내무반 매트리스 더미에 파묻혀 잠을 잤다.(공식적으로 그날 오후 6시까지 외출 중이기 때문이다.) 저녁쯤에 일어난 그는 내게 술 한잔하자고 했다. 그는 허무해 보였다. 분노는 물론, 설움 같은 것도 없는 아주 담담한 얼굴이었다. 그는 그렇게 헤어진 이야기를 하면서 술에 취하자

비로소 PX벽을 주먹으로 치면서 황소 같은 울음을 뱉어냈다. 왜 이렇게 사는 것이 힘드냐고, 왜 이렇게 힘들게 살아야 하느냐고 눈물, 콧물이 범벅이 된 얼굴로 나에게 대들었다. 우리는 밤새워 술을 마셨다. 어디 상처 없는 청춘이 없겠느냐마는 우리에게 부여된 삶의 무게가 너나없이 무거웠던 시절이었다.

그 후 그에게는 그 어느 누구도 면회 오는 사람이 없었다. 내가 제대한 후 그의 소식을 들은 바 없지만 아마 그는 가족들을 위해 화가의 꿈을 접고 극장 간판을 그렸던지(당시의 극장 간판은 거의 수작업으로 그렸다), 아니면 평범한 샐러리맨으로 살았을 것으로 추측이 된다. 예쁘지는 않지만 마음씨 착한 여자를 만나 노모에게 효도하고 동생들을 훌륭하게 키워낸 이 나라의 모범적이고 성실한 가장으로 말이다.

소위, 기성세대 5,60세대의 대부분은 이렇게 청춘을 희생당했다. 시골 젊은이들은 가난 때문에 도시로 내몰리고, 도시에서 버스차장이 되고, 가발공장, 봉제공장의 공순이가 되어 동생들 학비를 벌어 뒷바라지했다. 그렇게 그들은 대물림한, 찢어지게 가난한 살림 한 귀퉁이를 맞들어야 했다.

값싼 노동력의 대명사로, 조국 근대화의 역군이 되었던 것은 그들뿐이 아니다. 누군 광부가 되어, 누군 간호사가 되어 독일로 갔다. YH노조 사건, 전태일 분신자살 사건이 일어나기도 했던 시절, 그때에 가족이란 족쇄를 차고 가난의 짐을 걸머져야 했던 한 남자의 얘기는 그 시대를 살아오면서 희생당한 모든 청춘을 대변한다.

그럼에도 불구하고 이제 그들은 아날로그 세대라고 시대의 뒷전으로 밀려나고 있다. 너무 익숙하여 유치하게 느껴지는 멜로드라마처럼, 왜 그랬을까?

그는 저항하고 반박하는 것이다. 청춘을 다 바치고 개인의 욕망을 희생하며 이룩한 한 시대의 역사, 이제 그 주역들이 명퇴다, 조퇴다, 정퇴다 하여 뒷전으로 밀려나고 있다. 그 뒤안길의 이야기마저 촌스러운 멜로드라마라고 외면당하고 있다.

입영전야

나의 워스트Worst프로그램

기타의 사람들

그때는 맞고 지금은 틀렸는가?

건망증과 치매

강이 풀리면

상실의 시간을 건너는 동안

입영전야

색 바랜 우중충한 낡은 코르덴 웃옷을 걸치고 학교 다닐 때 들고 다니던 가방에 몇 벌의 옷가지를 짓이겨 넣고 집을 나섰다. 친구녀석은 나보다 더 을씨년스러운 표정으로 어슬렁거리며 내 뒤를 따라왔다. '폴 앵커'의 노래가 왕왕거리는 구멍가게 앞에 내놓은 긴 의자에 앉아 우리는 버스를 기다렸다. 제법 서늘한 바람이 불어와 그렇잖아도 허허로운 우리들의 마음을 더욱 우중충하게 만들었다.

"나도 곧 뒤따라간다. 가거든 편지해라."

"그럴 시간이라도 있겠나? X빵이치게 고생한다는데……."

"설마하니……. 거기도 사람 사는 세상인데……."

둘은 한참을 그렇게 앉아 있었다. 저쪽 끝에서 털털거리며 버스가 오고 있었다. 나는 일어나 그에게 손을 내밀었다. 그는 내 손을 잡으며 그랬다.

"악다받게(모질게) 살자."

나는 고개를 끄떡이며 그의 어깨를 툭 치고 차에 올랐다. 버스 뒤창으로 바라보니 그는 호주머니에 손을 찔러 넣고 고개를 쳐들고 하늘을 올려다보고 있었다. 나는 그가 왜 떠나는 나보다 더 쓸쓸해 하는지를 그때는 몰랐었다.

고향으로 가는 완행열차에 자리를 잡고 혼자가 되었을 때 나는 비로소 떠난다는 감상에 눈물을 참느라 어금니를 깨물었다. 친구들은 모두 대학생활을 즐기느라 여념이 없는데 나는 이렇게 쓸쓸하게 떠나는구나. 문득 이름도, 사는 곳도 모르는 한 여자가 생각났다. 당시 대구에는 팝 감상실로는 '카네기(Carnegie)'와 '심지心池'가 있었고 클래식 감상실로는 '하이마트(Heimat)'와 '녹향綠香'이 있었다. 나는 입영 전날까지 온종일 '하이마트'에 죽치고 앉아 음악을 청해 들었고 긴 클래식 중간 중간에 간식처럼 나오는 비교적 짧은 곡들을 특히 좋아했으며 차이콥스키 〈비창〉 1악장을 편곡한 델라 리즈(Della Reese)의 〈A story of starry night〉를 들으며 감상에 젖곤 했다. 그런데 누구의 신청곡인지 모르지만 박인희의 〈세월이 가면〉도 간간이 흘러나왔다. 그리 사람이 많지 않던 어느 날, 나는 그 곡의 신청자를 알아냈고 나는 그녀의 옆자리로 옮겨가 음악에 관한 이야기로 조심스럽게 말을 붙였다. 둘은 매일 그렇게 하이마트를 찾았고 이야기는 깊어갔다. 그러나 나는 아무런 언질도 주지 않고, 이별의 의식도 없이 입영열차를 탔다. 유치한 감상처럼 느껴졌기 때문이다.

차창 밖으로는 가을이 깊어가고 있었다. 농가의 밥 짓는 연기가 들판을 자욱하게 덮으면서 보랏빛 환상을 연출하고 있었고 나는 낡은 옷깃을 추스르며 이렇게 해서 한 해가, 또 한 시대가 끝나가고 있음을 생각했다. 그리고 차장 밖으로 점점이 희미하게 떠올랐다 사라지는 불빛들은 아주 먼, 어떤 곳으로 유배가고 있다는 생각을 들게 했고, 그런 우울한 생각들이 창밖의 어둠과 어우러져 내 가슴을 할퀴었다. 나는 이제 더 이상 청소년이 아니다. 머리를 박박 밀고 푸른 군복을 입은 서툰 아저씨가 되는 거다. 이유도 없이 매를 맞아야 할 것이며, 밤잠 못 자고 보초도 서야 할 것이다. 내일에 대한 두려움, 누구 하나 손들어 주는 이 없이 혼자 떠나는 이 길, 무엇을 견디고 어디에 익숙해야 할지도 모르면서 가야 하는 길. 가슴에 스산한 바람이 불었다.

외가에 들러 이틀을 쉬고 나는 고향에서 밤 입영열차를 탔다. 기차가 막 움직이기 시작하자 앞자리에 앉아있던 한 청년이 차창 밖으로 고개를 내밀더니 손수건을 흔들며 소리를 질렀다.

"잘 있어라. 나는 간다. 이별의 말도 없이……."

처음에는 무슨 신파냐는 듯이 다소 삐죽거리던 청년들이 하나 둘 합세를 하면서 거대한 합창으로 변했다. 모두들 차장으로 고개를 내밀고 주먹 쥔 팔을 흔들며 고래고래 소리를 질러댔다. 묘한 분위기를 이끌어 내면서 마지막 소절, '붙잡아도 소리치는 논산행 입영열차'에서는 울음으로 번졌다.

대구역에는 밤 10시 가까운 시간에 도착했다. 대구에 연고가 있는 장정들은 누군가가 마중 나왔을 거라는 기대에 창문을 열고 고개를 빼고 두리번거렸다, 나는 그럴 이유가 없기에 그냥 눈 감고 앉아있는데 거의 막 차가 떠날 쯤, 내 앞에 앉은 장정 하나가 내 발을 툭 치면서 밖을 보라고 눈짓을 했다. 무심코 보던 나는 깜짝 놀랐다. 나를 마중해 주었던 그 친구와 음악감상실에서 자주 이야기를 나누었던 여자 친구가 바로 턱밑에 와 서 있었다. 나는 창문을 열고 고개를 내밀었다.

여자아이가 그랬다.

"잘 다녀오세요." 하고는 소주 한 병과 오징어 한 마리가 든 봉투를 건네주면서 또 그랬다. "좋은 추억, 잘 간직할게요."

나는 눈물이 돌았다. 내게도 그럴 사람이 있구나. 잘 갔다 오라는 사람이 있구나.

나를 기억하고 추억해 줄 사람이 있구나!

"야! 너 감격했냐? 네가 하도 고개를 빼고 의기소침하기에 하이마트 가서 모셔왔다. 격려차 왔다. 잘 다녀오너라."

나는 눈물을 닦을 생각도 않고 고개를 끄덕였다. 기적이 울렸다. 기차가 떠났다. 나는 고개를 내밀고 손을 흔들었고 그들도 손을 마주 흔들어 주었다.

논산 훈련소를 거쳐 기성부대에 떨어져 겨우 자리를 잡았을 때, 나는 그에게 편지를 띄웠으나 답장이 없었다. 내가 제대한 후에 알았지만 친구는 월남 가서 전사했다고 했다. 그런 예감이 그를 그리 쓸쓸하게 했던가.

여자 친구는 제대한 그해 추석 전날, 우연히 시외버스 정류장에서 만났다. 고운 한복을 차려입은 그녀는 내게 그랬다. 시집으로 명절 지내러 간다고.

그날 나는 단골다방에 앉아 “사랑은 가도 옛날은 남는 것”이라고 애절한 목소리로 부르는 박인희의 〈세월은 가면〉을 오래, 오래도록 들었다.

나의 워스트Worst 프로그램

나는 지금까지 잘 만들었고 자랑하고 싶은 프로그램만을 글로 소개했다. 나라고 해서 왜 잘못 만들고 남들 앞에 떳떳하지 못한 프로그램이 없겠는가?

거의 초보 연출시절이었던 젊은 어느 날, 나는 제작이사의 호출을 받았다. 데뷔한 지 얼마 되지 않은 나를 국장도 아니고 이사가 찾는다기에 무슨 잘못이 있었던가를 꼼꼼히 복기하면서 버쩍 얼어 이사실理事室을 찾았다. 그 자리에 국장은 물론이고 나와 콤비를 이루어 몇 작품을 성공시킨 작가까지 떡하니 앉아 있었다. 속으로 무슨 잘못을 질책하려는 것이 아니고 프로그램에 관한 이야기라는 짐작이 갔다. 서두에 날씨 이야기 등 이런 저런 이야기들이 오가고 동석 작가가 쓰고 내가 연출한 드라마에 대한 칭찬이 몇 마디 오간 뒤 이사는 내게 은근한 말투로 한마디 던졌다.

"장 감독! 내 부탁을 하나 들어주어야겠어?"

이사가, 나 같은 병아리 PD에게 무슨 어려운 부탁이 있어 이렇게 은근하게 부탁을 한단 말인가? 하고 의아해 하며 흔쾌하게 대답했다.

"이사님 부탁이라면 무엇이든 하겠습니다."

"분명히 말했다." 하고 내게 다짐을 받으려는 듯 노려봤다. 속으로 찔끔했지만 설마 죽으라고 하지는 않겠지 하면서

"네." 하고 자신 있게 말했다.

"8 · 15 특집 드라마 한 편 만들어." 하며 단호하게 명령했다.

그 정도 일을 가지고 사람 겁을 주고 그러나 싶어 픽 웃으면서 "알겠습니다." 흔쾌하게 대답해 주었다. 그러자 이사는 고개를 내 앞으로 숙이면 "작가하고는 이미 이야기가 되었는데 말이야……." 하며 풀어놓는 이야기가 나를 상당히 곤혹스럽게 했고 급기야는 나는 손사래를 치면서 단호하게 거절하기에 이르렀다. 말하자면 스토리는 이미 정해져 있었고 그 이야기는 기존의

상식으로는 도저히 납득되지 않은 줄거리였다.

1984년 7월이었다.

당시 대통령은 거북했던 한일관계를 청산하고 상호간의 선린 우호를 증진할 목적으로 8 · 15 전후에 일본을 방문하여 천황을 만나기로 약속되어 있었던 것이다. 이런 정부의 기조에 발맞추어 거기에 합당한 특집드라마를 만들라는 것이었다. 그 스토리는 나를 더 질겁하게 만들었다. 어린 아들을 두고 남편을 학병으로 보내고 홀로 살던 한 여인이 경성에 살던 한 일본인의 친절과 사랑에 이끌려 재혼을 했고 해방 후 서로 헤어졌다가 최근에 다시 한국의 아내를 찾는 데서부터 이야기는 시작되었다. 아들은 자기를 낳아준 아버지와 자기를 키워준 아버지가 따로 있다는 것을 알게 되는데, 결론은 낳아준 아버지도, 길러준 아버지도 자신에게는 아버지일 수밖에 없다는, 말하자면 '한국과 일본은 혈연지간이라는 것을 강조한 스토리였다.

나는 병가病暇를 내고 잠적했다. 그러나 무한정 그럴 수는 없었다. 내가 병가에서 복귀하던 그날 작가의 원고가 나왔다. 작가는 이미 규정 고료는 물론이고 별도로 정부 어디론가부터 특별고료까지 따로 챙긴 것 같았다. 작가 역시 원고를 건네주고는 더 이상 연락도 않고 잠적해버렸다. 말하자면 정부 프로젝트인데 연출자가 작가를 교체할 수도, 또 내 입맛에 맞게 고칠 수 있는 상황은 더더욱 아니었다. 이미 조연출까지 내정돼 내 지시만을 기다리고 있었다. 방송날짜는 물론 방송시간까지 잡혀 있었다. 궁지에 몰린 건 연출자였다. 한계시점까지 버텼다. 그러나 방송시간이 정해지고 연출자가 정해지면 방송펑크의 책임은 전적으로 연출자가 진다.

나는 자포자기의 심정으로 급하게 캐스팅을 했고 조연출에게 야외촬영 전부를 맡겼다. 나는 그때까지 아무리 급하더라도 내 이름으로 나가는 모든 작품은 내가 직접 메가폰을 잡았다. 그래야 후회가 없다. 설혹 실패를 하더라도 교훈을 얻을 수 있기 때문이다. 아! 그렇게 연출하면 안 되는구나. 하는 깨달음 같은 것 말이다. 그러나 그 작품만큼은 그렇게 하고 싶지가 않았다. 조연출에게 야외촬영의 모든 걸 맡겼다. 막 연출데뷔를 앞둔 조연출은 야외촬영의 메가폰을 잡는다는 데 흥분하여 충실하게 그리고 성의를 다하여 야외촬영을 해왔다.

그리고 나는 스튜디오에서 내가 할 수 있는 모든 미학적 역량을 최대한으로 동원, 특이하고 예술적인 조명이나 구도에 연출의 초점을 맞춰 미학적 완성도에 의해 되도록 주제가 희석될 수 있도록 시도했다. 그러나 그렇게 한다고 해서 본질인 주제가 감추어지거나 업그레이드되는 건 결코 아니었다. 본질에 걸맞은 꾸밈을 무시하면 촌스러워지고 꾸밈이 지나쳐 본질과 잘 어우러지지 않으면 진실하게 보이지 않는다는 공자의 문질빈빈文質彬彬의 말은 옳았다.

방송 후 예상대로 나는 여론의 뭇매를 맞았다. 나는 상부의 지시로 하고 싶지 않은 주제로, 하고 싶지 않은 연출을 했다고 변명하고 싶었지만 그런 해명은 사람을 오히려 더 치사하게 만든다. 그간의 경위야 어찌 되었건 작품의 책임은 연출이 진다. 나는 아무 말도 안 했다. 나는 이 작품을 내 연출 리스트에서 뺐다.

그리고 또 한 작품, 아직 연출이 채 여물지도 않은 나를 과대평가하여 곤경에 빠뜨리고 건강마저 잃게 한 대하드라마 〈독립문〉도 내가 실패한 드라마로 꼽는다.

기타의 사람들

어떤 집단이든 소외되는 계층은 있기 마련이다. 그것은 개인 능력 부족일 수도 있고, 또 일의 성격상 핵심적인 역할에서 배제된 경우가 그러할 것이다. 상수도가 있으면 하수도도 있듯이 또 그런 사람들이 없으면 한 집단이 제대로 돌아가지 못하는 경우도 허다하다. 방송가에도 그런 기타의 사람들이 있다. 소위 '엑스트라' 집단이다. 그들은 자신의 존재감을 나타내서는 안 되는, 얼굴 없는 출연자들이다. 말하자면 존재감 없는 집단이긴 하지만 반드시 존재해야 하는 그런 집단이기도 하다. 연기자 뒤에서 없는 듯 걸어가거나 조용히 앉아 있곤 한다. 연기자 한 사람이 출연해도 그가 길을 가거나 차를 마시거나 누굴 만나거나 간에 그들은 반드시 필요하다. 그러면서도 별로 주목받지 못하는 집단의 하나다. 하지만 그들은 드라마뿐만 아니라 교양, 다큐멘터리, 쇼 등에 반드시 필요한 집단 중의 하나다.

처음 내가 드라마 조연출을 시작할 때 나는 그들에게 "엑스트라들, 이리 오시오." 하고 지시했다. 그러자 연출자가 나를 부르더니 "저 사람들, 그렇게 부르면 안 됩니다. '조합 분들'이라고 존중해서 불러주어야 합니다." 하고 충고했다. 그들 구성원은 별의별 사람들이 다 모여 있기 때문에 곤혹을 당할 수도 있다는 거였다. 연출자라고 유난을 떨던 후배 한 명은 술에 취해 밤늦게 귀가하던 중 여의도 한 으슥한 골목에서 그들로 추정되는 집단에게 구타를 당해 갈비뼈가 부러지는 횡액까지 당했다. 이제는 공식적으로 엑스트라라는 호칭 대신 '○○예술 분들'이라고 높여서 불러준다. 그들도 출연자다. 단지 이름 없는 출연자일 뿐이다. 탤런트는 아무리 단역이라도 크레디트 타이틀에 이름이 올라간다. 그러나 그들은 그들이 속한 회사 이름, 즉 '보조출연 ○○예술'로, 집단의 이름으로 나간다. 개인의 이름은 없다. 말하자면 직업으로서의 기타의 사람들이고 그런 것들로 일용할 양식을 구하고 삶을 꾸린다. 그들의 존재 이유다.

이들 외의 사람들은 그런 '기타의 사람들'이 되어서는 안 된다. 그것은 실패를 의미하며 능력 없음을 말하고, 비주류를 일컫는다. 어느 사회, 어느 직장에서건 경쟁이 없는 조직은 없는 만큼 '기타 군群'은 항상 존재하기 마련이다. 나보다 능력 있는 사람들이 많으면 설혹 평균적인 능력을 갖추었다 하더라도 그는 자동적으로 기타 군으로 분류되어 한직이나 존재감 없는 부서로 간다. 이게 경쟁사회의 원칙이다.

나는 어떤 일에 종사하든 '기타 군'으로 분류되지 않으려고 혼신의 노력을 기울였고 그 결과 다행히도 그런 수모를 당하지 않을 수가 있었다. 그러나 초야로 돌아와 이런 저런 글을 쓰면서 나에게 너는 '기타 등등'의 사람이라고 누가 대놓고 말하지는 않았지만 그런 느낌을 받을 때가 있었다.

수필이 문학인가 아닌가는 차치하고라도 글 잘 쓰는 사람이 원고청탁도 받고 고료도 받아야 하는데 이 바닥은 어찌된 일인지 그런 일반적인 통념이 통하지 않는 게 대부분이다. 다 그런 건 아니지만 일부 몇몇 잡지들은 관계와 연대를 중시하는 관습 속에 침몰되어가고 있다는 느낌을 받는다. 연말에는 대체로 잡지사 이름이나 발행인 이름의 문학상 같은 걸 주는데 작품상이 아니라 공로상 같다는 느낌을 많이 받는다. 그도 저도 못 끼인 일부 사람들은 지면紙面을 돈으로 산다. 특정 잡지에 무슨 위원이나 이사로 등재하여 일 년에 수십만 원 정도 내면 두세 번은 의무적으로 글을 실어준다. 어떤 잡지들은 '무슨 특집'이니 '오늘의 작가'니 하는 지면을 만들어 붕 띄워놓고 의무적으로 책, 수십 몇 권씩 사라고 떠넘긴다. 수필 잡지가 30여 종 이상이나 되다 보니 일 년에 수백 명의 수필가가 등단해도 우리 문학사에 아무런 족적도 남기지 못하는 것은, 분별없이 치켜세운 주례사에 다름 아닌 값싼 칭찬에 으쓱해 성취와는 다른 허명만을 쌓아 올리는 데 급급하기 때문이리라. 여기저기 잡지에 무슨, 무슨 위원으로 등재하여 난삽한 글로 소객騷客 티를 내는 사람들을 나만 본 것일까?

또 정직한 몇몇 잡지들을 뺀 대다수의 잡지들은 자기 잡지 출신이 아니면 대체로 외면한다. 그러다 보니 모든 잡지들이 동인지 수준에 머문다. 떼로 몰려다니며 끼리끼리 치켜세우고 서로를 위로한다. 문학, 그 자체보다는 '작가'라는 말에 붙은 허영에 더 취해 대단한 문호文豪인 양 고개를 곧추세우고 자기 과시를 서슴지 않는다. 그들에게서 나오는 글이라는 게, 그만그만

한 재담이나 덕담에 지나지 않는다는 것을 알 만한 사람들은 다 안다. 수사修辭만 있고 감동은 없고 테크닉만 있고 재미도 없는, 영혼 없는 글들만 난무하며 때로는 일기 같기도 하고 때로는 인터넷 어디선가 본 듯한 글들이 지면을 장식한다. 그런 글들 거의가 화제가 되기는커녕 읽지도 않고 쓰레기통에 버려진다. 또 수필에는 전업專業작가는 없고 대개가 여기餘技로 쓴다. 그래서 돈에 그렇게 연연하질 않는다.

문학은 떼거리로 하는 집단놀이가 아니라 개별행위다. 문을 닫아걸고 많은 독서와 깊은 사색, 그리고 수많은 파지를 내면서 성숙한다. 그래서 나는 그런 모임에 잘 나가지 않는다. 그러함에도 나는 허리를 굽혀 나의 글을 구걸하지 않을 것이며, 돈 써가며 지면을 얻으려고 연연하지도 않을 것이다. 이 궁벽한 벽촌에서 홀로 외롭더라도 무리에 끼려 하지 않을 것이다. 내 비록 수필의 '기타의 사람'으로 남을지언정 세상이 굳이 알아주지 않는다면 내 부족한 재주를 탓하겠으며, 또 그런 욕망이 언제까지나 삭지 않는다면 나는 지금보다 더한 사색과 독서, 그리고 습작을 통해 내 이름이 부끄럽지 않도록 노력할 것이다.

그때는 맞고 지금은 틀렸는가?

늙어지면 수시로 잠이 오고 또 수시로 잠이 깬다. 남들이 다 자는 한밤중에 도깨비처럼 깨어 거실을 어슬렁거리고 남들이 TV를 보는 시간에는 혼자서 꾸벅거리고, 한밤중에는 아무리 자려고 해도 눈만 말똥말똥해진다. 그러다 보니 오밤중에 TV앞에 앉아있는 경우가 허다하다. 옛날처럼 TV가 공중파 3사만 있는 것이 아니고 약 백여 개 이상의 채널들이 있다 보니 잠이 깨면 먼저 하는 일이 TV를 켜는 일이다. 그들 TV는 아주 옛날에 했던 프로들을 재방영하기 일쑤다.

어느 날, 그날도 초저녁에는 졸다가 아내가 자러 들어가는 시간에 깨어 거실에 우두커니 앉아 있다 TV를 켰다가 깜짝 놀랐다. 옛날, 아주 옛날, 내가 연출했던 드라마가 방송되는 것이 아닌가. 새삼스러워하며 그 프로를 보던 나는 시간이 갈수록 부끄러워 얼굴을 들 수 없었다. 그 드라마가 방송될 시기에는 잘 만든 작품이라는 이유로 상도 받고 도하 신문에서 칭찬도 받았는데 지금 보니 왜 그렇게 촌스럽고 억지스러운지 이해가 되지 않는 부분이 한두 군데가 아니었다. 부끄러워하면서도 끝까지 보고 나면 자괴감만 든다. 명작이라면 한 시대를 뛰어넘어야 하거늘 고작 몇 년밖에 지나지 않았는데도 촌스러워진다면 이건 분명 졸작이다. 그런데 그때는 왜 그리 호들갑을 떨었을까. 그때는 맞고 지금은 틀렸는가. 이튿날 그 프로로 해서 받은 상패를 찾아 어루만져보기도 하고 당시 신문기사도 찾아본다. 그리고 연출했던 콘티대본도 찾아 당시의 연출현장을 회상하기도 한다. 그때는 분명 자부심과 자신감으로 연기자들을 닦달하며 열정적으로 한 치의 의심의 여지도 없이 한 장면, 한 장면을 연출했는데……. 지금은 왜 그리 촌스러울까? 한여름, 뜨거운 태양 아래 살갗을 몇 번씩 벗겨가면서 찍은 한 편의 드라마. 폭설이 쏟아지는 설악산에서 그럴듯한 장면 하나를 얻기 위해 산악인까지 동원하여 위험을 무릅쓰고 산에 올랐다가 눈사태를 만나 조난당할 뻔한 일 등이 주마등처럼 스쳐 지나간다.

젊었을 때 나는 방송 후 제일 허무했다. 내가 만든 한 작품, 한 작품이 공중으로 사라지고 컷(cut) 하나, 하나가 분해되어 버린다는 느낌을 받았다. '사라지는구나. 내 분신들이 조각조각 찢어져 공중으로 흩어지는구나.' 하며 고개를 숙이고 안타까워 했다. 책처럼 길이 남아 보전되지도, 영화처럼 소장되지도 않고 저 광활한 우주 속으로 사라질 뿐이라는 허망 때문에 말이다, 그래서 방송 후 나는 곧잘 베란다에 나와 담배 한 대를 피워 물고 하늘을 올려다보며 장탄식을 하곤 했다. 그 허무를 달래려고 방송 후 몇 날 며칠을 두고 몸살을 앓듯 술을 마시기도 했다. 그런데 수년이 지난 후, 유령처럼 살아 한밤중에 나를 곤혹스럽게 한다.

그러던 어느 날 외출을 하려는데 마누라가 그랬다. "여보, 그 바지 이상하다." "왜? 어디가?" "어디가 어째서가 아니라 이상하다. 옛날처럼 몸에 붙지가 않는다. 어쩐지 촌스러워 보인다. 며칠 전에 딸아이가 사준 바지 입어봐." 나는 바지를 바꿔 입었다. 아내는 찬찬히 훑어보더니 "그래, 그 바지가 좋다."라고 하는 것이다. 별 생각 없이 바지를 바꾸어 입었지만 옛날에는 그런대로 괜찮았는데 왜 지금은 어색한가. 시대가 지난 옷이라지만 그런대로 입을 만한데도 자꾸 촌스러워지는 것은 그 시대가 아니기 때문일까? 그래, 방송도 그럴 것이다. 드라마가 인류의 영원한 소재인 사랑이나 이별, 혹은 죽음 같은 소재를 끊임없이 반복하고 그런 것들로 시청률을 올리는 것은 옛날이나 지금이나 변함이 없지만 그 소재를 바라보는 관점이나 방식이 조금씩 다르게 변했기 때문일 것이다. 시대가 지난 옷은 그런대로 괜찮은데도 자꾸 촌스러워지는 것은 그 시대가 아니기 때문일 것이다. 그 시대는 그 시대의 모랄이 설득력이 있고, 지금은 지금의 모랄이 있기 때문일 것이며, 패션(fashon)처럼 그 시대는 그 시대를 지배하는 미적美的 시선이 있고 지금은 지금을 관통하는 미적개념이 있을 것이다. 관점이나 개념은 시대에 따라 변하기 때문이라는 생각이 들었다.

그러나 시대가 변해도 지켜야 할 것은 반드시 지켜야만 한다. 그것이 올바른 사회일 것이다. 과거에 지탄받던 불륜이나 부정이 지금 와서는 아무렇지도 않게 정당화된다면 방송은 사회의 공기公器가 아니다. 유행은 시대에 따라 변하지만 지켜야 할 것은 반드시 지켜야 한다. 그게 문화의 존재 이유이고 방송의 역할일 것이다.

나이가 들면서 시대가 변하는 것을 인정하는 성숙함도 있어야 한다. 과거만이 옳다고 고집하면 그는 고여 있는 사람이며 도태되는 사람일 것이다. 변화를 수용하고 이해해야 한다. 지금도 옳고 먼 미래에도 옳은 드라마를 한 번 만들고 싶다는 가망 없는 생각으로 과거를 반성하며 종종 밤을 새운다.

건망증과 치매

TV를 보다 갑자기 심각해졌다. 배우 이름이 떠오르지 않는다. 입안에 뱅뱅 도는데……. 김○○ 뭔데……. 한국에서 내로라 하는 탤런트이며 너무나 유명한 여배우인데, 영 이름이 생각나지 않는다. 내 프로에 주인공까지 했는데……. 그 배우 이름을 생각하느라 내용은 눈에 들어오지도 않았다. 한 30분을 그렇게 낑낑거렸을까, 나는 일어나 부엌에 가서 찬물 한 그릇을 마시고 무심코 돌아서는데 섬광처럼 생각이 났다. 아! 그래, 김영애다.

참으로 어처구니없는 일이었다. 그녀는 내 특집프로의 주인공까지 했고 나와는 각별하게 지냈는데도 그녀의 이름이 생각나지 않는 것이다. 아니 그렇지 않다 하더라도 대한민국에서 탤런트 김영애를 모르는 사람이 있을까?

언제부터인가 깜박깜박하는 일이 잦아졌다. 강의를 하다가도 갑자기 꽉 막힌다. 〈인디애나 존슨〉, 〈E. T〉 운운하다가도 막상 감독 이름이 생각나지 않는다. 평소에는 거침없이 호명하던 그 유명한 스필버그 감독의 이름이 생각나지 않다니! 강의를 하면서도 끊임없이 머리를 굴린다. 이름이 뭐지, 이름이 'S'로 시작하는데 하면서 말이다.

이는 비록 나뿐만 아닌 것 같았다. 대부분 내 또래들에게 공통적으로 나타나는 현상이기도 하다. 평소에 연락이 없던 친구 하나가 나한테 전화를 걸어왔다.

"야! 내가 어제 저녁, 막 잠이 들려고 하는데 갑자기 머릿속에 멜로디가 하나가 떠오르는데 말이야, 아무리 생각을 해 봐도 그 제목이 영 생각나지 않는기라. 모차르트 같기도 하고 쇼팽 같기도 한데 아닌 것 같고, 슈만의 〈트로이메라이〉도 아니고……. 나 어젯밤에 그거 생각하느라 잠을 설쳤다. 그래도 나보다 클래식을 많이 아니까 무슨 곡인지 가르쳐다오."

"그래, 어디 한 번 읊어봐라."

그는 곡조를 읊어댔다. 나는 순간 터지는 웃음을 참을 수가 없었다.

"야 임마! 그걸 질문이라고 하니, 이 미친놈아!"

"야! 왜 그러느냐, 응 나도 미치겠다. 내 머리가 왜 이리 뽕꾸라가 됐나?"

나는 터지는 웃음을 도저히 참을 수가 없었다. 그는 민망하듯 다시 물었다.

"차이콥스키냐?"

나는 계속 낄낄거릴 수밖에 없었다.

"쇼팽이구나. 그렇지, 쇼팽이지!"

나는 찔끔찔끔 눈물이 나도록 웃었다.

그가 드디어 화를 냈다.

"야 임마! 웃지만 말고 말을 해봐."

나는 목소리를 가다듬고 점잖게 말했다.

"그거 CM송이다."

"뭐! CM송!"

"그래, CM송!"

전화기 저쪽에서 한동안 말이 없었다. 그러더니 갑자기

"풋하하, 내가 미친놈이다. 내가." 하고는 이번에는 제가 계속 낄낄대는 거였다.

우리는 전화기를 끌어안고 한참을 그렇게 웃어젖혔다.

그 음악은 차이콥스키도 쇼팽도 아닌, 1970~80년대 유행하던 CM송이었다. "스타킹은 반달표, 반달표 스타킹" 운운하는 노래 말이다.

평소에 많이 듣고 즐겨듣던 멜로디도 어떤 때는 제목이 생각이 나지 않는 경우가 다반사다. 익숙하게 듣던 멜로디는 익숙하다는 것 때문에 어느 한순간에 착각을 일으킬 수가 있다. 유행가 가락도 머릿속에 뱅뱅 돌면서 제목이 생각나지 않다가 아주 엉뚱한 방향으로 생각이 미치는 경우가 그렇다. CM송이 차이콥스키, 모차르트, 쇼팽으로 변한 것이다. 단순하게 생각한 것이 아니라 심각하게 생각한 결과이기도 하다. 나이가 들면서 건망증이 생긴 것이다. 이 건망증이 심해지면 치매로 발전한다.

치매로 발전하는 몇 단계가 있다. 첫 단계는 화장실에 들어갔다 나오면서 바지 지퍼를 올리지 않고 나오는 것은 단순 건망증이다. 그런데 물건을 간수하지 않고 지퍼를 올리면 좀 심각한 수준이 된다. 물건도 간수하지 않고 지퍼도 올리지 않으면 중증이다. 그러다가 지퍼도 내리지 않고 물건도 내놓지 않고 볼일을 본다면 이건 치매의 경지다.

여자들의 경우는 핸드폰이나 TV 리모컨 같은 걸 냉장고에 넣어놓고 온 집안을 발칵 뒤집어 놓는다든지 하는 경우는 그래도 애교 있는 건망증 수준이다. 그러다가 자식들의 이름도 깜박깜박한다. 약속시간 잊는 건 대수이고 주방에 가스 불 켜놓고 시장 간다든지 하는 수준은 위험천만이다. 그러다 치매가 어느 날 갑자기 온다.

요즈음은 디지털 치매라는 것이 있다. 전화번호도 핸드폰이 다 저장해 주니까 외울 필요가 없다. 그래서 핸드폰을 잃어버리면 전화번호가 깡그리 다 날아간다. 백치 수준이 되고 만다. 가끔 가다 누가 자기 집 전화번호를 물으면 얼른 떠오르지 않아 머뭇거리는 사람들을 많이 본다. 노래방에 가서도 노래 말이 화면에 다 뜨니까 외울 필요가 없다. 그래서 생生으로 노래 부르면 일 절도 못 부르고 도중하차하고 만다. 이러다가 머지않아 수학 같은 학문도 계산기로 푸는 시대가 오지 않는다고 장담하지 못하리라.

문명의 발달은 사람들을 편리하게는 만들지만 깊이 생각하는 걸 기피하게 만드는 경향이 있다. 사람들은 나이가 들면 누구나 기억이 희미해지면서 과거를 잊어버리거나 멀쩡하게 아는 것도 생각이 잘 떠오르지 않는다. 문명이 이를 더 부채질하는 것 같다. 돌아가신 노시인은 우리나라 산 이름을 다 외우면서 생각을 단련했다는데 현대인은 머리를 써서 외우는 것을 굳이 기피하면서 편리한 것만을 추구하다 보니 노화가 빨리 오는 것이 아닐까 하는 생각도 해 본다.

강이 풀리면

"강이 풀리면 임이 오겠지, 임이 안 오면 편지라도 오겠지."

파인巴人의 시를 읊조리다 혼자서 중얼거린다. "편지가 안 오면 전화라도 오겠지, 전화가 없더라도 문자라도 오겠지, 그마저 없으면 메일이라도 오겠지." 날이 따뜻해지면 꼭 누군가가 올 것 같은 기대감으로 가슴이 부푼다. 논두렁을 따라 길게 뻗은 둑길을 수시로 내다보면 공연히 가슴이 두근거린다. 망팔望八의 나이에도 봄 처녀처럼 그렇게 설렌다. 목을 빼고 온 종일을 그렇게 기다리다, 저녁이 되면 산다는 것은 결국 혼자인 것을 깨닫고 물안개가 스멀스멀 피어오르는 강가를 걷는다.

유난히 추웠던 겨울이 갔다. 대개 하루 이틀 정도 추우면 며칠은 쉬 수그러지는 삼한사온 기온인데, 지난겨울은 몇 날 며칠을 두고 그 기세가 누그러질 줄 몰랐다. 집안에서도 허옇게 입김이 나왔다. 밤에는 두터운 이불을 뒤집어쓰고 고슴도치처럼 웅크리고 불편한 잠을 잤다. 그 탓에 예년에 비해 갑절 이상의 난방비가 나왔다. 혼자 살면서 집 전체 난방을 한다는 것이 쓸데없는 낭비 같아 어지간한 추위는 견디어 냈는데 올해만은 그렇게 견디어 낼 추위가 아니었다.

그러던 어느 날 거짓말처럼 날이 풀렸다. 언제 그랬느냐는 듯이 갑자기 햇살이 따뜻해지고 곧바로 얼음이 풀리면서 강은 비릿한 물비린내를 풍기며 우쭐우쭐 흘렀다. 행복해진다. 어디라도 나가고 싶어진다. 누구라도 불러서 어설픈 장난이라도 치며 말을 붙이고 싶고, 투망이라도 해 매운탕에 막걸리라도 한잔하고 싶어진다. 헐렁한 신발을 꿰신고 어슬렁거리며 강가를 천천히 걷는다. 등이 닿는 햇살이 마냥 포근하기만 하다. 어린아이처럼 솜사탕이라도 하나 들고 그런 햇살을 즐기며 강가를 거닐면 행복해질 것 같다. 모진 겨울을 살아낸 오리 몇 마리가 엄마 오리 뒤를 따라 뒤뚱거리며 나들이를 간다. 강가로 내려가 손에 물을 담가 본다. 아직은 섬뜩할 만큼 차갑다. 가볍게 얼굴을 닦아내고 눈을 들어 하늘은 보면 하늘은 눈이 부시도록 파랗고 투명하다. 눈이 부시게 푸르른 날은 그리운 사람을 그리워하자 했거늘 구태여 배가 안 와도 올 사람은 올 텐데, 자청한 외로움이긴 하지만 어쩐지 그들이 원망스러워진다. 삭막하게 산 것도 아닌데, 혼자서 잘난 척하고 산 것은 아닐까? 뒤늦게 반성해본다. 무어라 강물은 풀리어 공연한 사람 애간장을 녹이는가? 미당 선생의 원망, 또한 나의 원망이기도 하다.

江물은 무엇하러 또 풀리는가.
우리들의 무슨 설움, 무슨 기쁨 때문에
강물은 또 풀리는가.

기러기같이, 서리 묻은 섣달의 기러기같이
하늘의 얼음장 가슴으로 깨치며
내 한평생을 울고 가려 했더니

무어라 이 江물은 다시 풀리어
이 햇빛 이 물결을 내게 주는가.

……중략……

江물이 풀리다니
江물은 무엇하러 또 풀리는가.

우리들의 무슨 설움, 무슨 기쁨 때문에
江물은 또 풀리는가.

미당 선생의 시를 반추하면서 강가를 걷다 보면 강 끝에 자리한 메밀국수집에 들러 메밀묵 한 사발에 막걸리 한 잔 마시고 "그 물새 그 동무들 고향에 다 있는데 나는 어이타가 떠나 살게 되었는고." 하며 장탄식하다 기어이 목이 메이고 만다.

집에 돌아와 아무렇게나 엎어져 잔다. 봄날은 그렇게 간다.

• 작품 해설

상실의 시간을 건너는 동안

—≪바람 되어 가리라≫

김지헌 (문학박사, 소설가, 수필가)

1. 시작하며

작가 장기오의 수필을 읽다보니 홉스(T. Hobbes)가 언급한 "인생은 고독하고, 가난하며, 추악하고, 야만스럽고, 짧다."라는 말이 언뜻 떠오른다. 홉스는 사회철학적 관점에서 이토록 냉철하게 말했지만 애석하게도 우리는 문학을 통해서도 비슷한 개념의 이야기를 해야 할 때가 있다. 이를테면 장기오의 ≪바람 되어 가리라≫의 작품들을 읽는 행위는 살아가는 일의 쓸쓸함과 허무와 비애스러움을 느껴가는 일이기도 하기 때문이다. 보편적인 인간 삶의 패턴이 그러하듯, 장기오 또한 젊었을 땐 청춘을 바쳐 열심히 일하며 의욕에 찬 시간을 보냈으나 나이가 들어감에 따라 일에서 물러난 후 견뎌야 하는 소외감과 무료한 시간은 그의 영혼까지 잠식해가는 듯하다. 하여 그는 때로 살아 있음이 지루하고 남루하여 견딜 수 없다고 말한다.

인간은 사회적 구조 안에서든, 개인사에서든 존재감을 위해 자신이 서 있는 영역을 지키고 유지해가려는 본능을 지니는데, 평생 동안 일해 온 자리에서 물러나 새로운 생을 사는 일은 결코 수월치 않을 것이다. 특히 다른 사람보다 더 많은 출세를 하고 자신의 생을 성공적으로 이끌었다고 생각하는 사람이나, 대중에게 사랑받던 영화로운 시절을 거친 이들은 뒷전으로 물러나 살아야 할 때, 더 큰 무력감과 외로움에 허탈해하기도 한다. 그런 면에서 작가 장기오의 작품 전반에 걸친 쓸쓸함의 정조는 충분히 이해 가능하다. 중요한 것은 그가 허무의 시간을 견디면서도 주체적 모습을 놓지 않으려는 것이며, 나아가 실존에 대한 치열한 성찰로 존재론적인 고민에 빠지기도 한다는 점이다. 그 과정에 드러나는 허무의 그림자들은 필연적 요소일 수도 있지 않겠는가. 고독과 허무를 모르는 사람이 어찌 문학을 하겠으며, 사회적 삶만을 추구하는 존재가 어찌 문학에 빠질 수 있겠는가. 그래서 수필가 장기오가 드러내는 삶의 페이소스와, 그 슬픔 너머 어느 지점에 있는 인간 삶의 본질에 대한 이야기가 가슴에 해인처럼 무늬 지어져 고독과 허무와 쓸쓸함이 의의를 지니게 되는 것이다.

2. 문학작품, 한 사람(작가)을 아는 일

수필가 장기오는 ≪누구에게나 마음속에 강물은 흐른다≫, ≪해인의 달≫, ≪사라지는 것은 시간이 아니다, 우리다≫, ≪나, 또한 그대이고 싶다≫를 통해 독자에게 그 이름을 알려왔고, 이번 ≪바람 되어 가리라≫로 다섯 번째 수필집을 상재한다. 그뿐만 아니라 그는 KBS 드라마제작국장을 역임했고, 대大PD로 인정받았으며, 좋은 드라마 제작으로 국내외에서 수상한 경력 또한 화려하다. 그러한 배경은 장기오가 여느 수필가와는 다른 글쓰기를 하고 있음에 대해서도 설득력을 갖는다. 모름지기 작가는 그가 경험한 세계에 대해 글쓰기를 할 수밖에 없으며, 그 점이 그만의 개성적 글쓰기가 되기 때문이다. 어떤 작품을 만들어낸 작가의 의식과 그 작품을 연결하는 보이지 않는 실이 있듯이, 수필가 장기오에게 체득된 독특한 글쓰기 방식도 그런 맥락에서 이해해야 할 것이다. 왜냐하면 그의 수필은 문학이라는 명분하에 들이대는 이러저러한 이론과 지식으로 해석하기에는 마땅치 않은 면도 일부 있다. 이를테면 명료한 이미지를 사용하여 작품의 서두를 흡입력 있게 끌어오거나, 영상적 이미지와 섞여 진행되는 서사는 독자의 눈길을 잡아끌어 흥미를 갖게 하지만, 장르의 혼종 같은 느낌이 들기도 한다. 〈낯선 곳에서〉의 경우, 수필과 소설과 영상예술이 혼융된 상태로 들어있다. 수필쓰기의 시도를 다양하게 시도하는 것은 장점이겠으나 수필이 엄연히 문학의 범주에 존재하려면 그 언저리에서 멀리 벗어나지 않는 것도 필요하다. 그럼에도 그의 작품에서 드러나는 작가의 솔직한 내면고백이나 현대적 삶에 대한 고민과 성찰이 형식적 틀의 문제를 압도해 버린다.

우리가 사람을 알고 이해하는 방식은 여러 경로가 있을 테지만, 문학을 통해, 즉 작가의 작품을 통해서 사람을 알아가는 것은 어느 방식보다도 매력적이라 할 수 있겠다. 그것은 문학이 지닌 힘이고 매혹일 것이다. 그런 의미에서 작가 장기오의 생을 조금 이해하고 작품을 읽으니 그가 왜 생의 허무함에 빠질 수밖에 없는지 이해가 된다.

수필 〈나를 못 견디게 하는 것들〉에는 작가 장기오를 잘 알게 하는 서사가 중첩적으로 들어있다. 이 작품에는 5개의 에피소드가 있는데 그 수순대로 따라가자면 이렇다. 첫 번째는 백상구의 첩 파녀破女가 쫓겨나 장단長湍의 물가에 이르러 지은 시가 등장한다. "문을 나설 때는 말없이 헤어졌는데出門無語別, 여울가에 이르니 말이 홀로 우네臨湍獨馬啼". 사랑하는 사람에게 내침을 당해 말을 타고 당도한 강가에 섰을 때의 심경을 표현한 것이니 그 애통함은 극에 달했을 법한데도, 저토록 절제된 아름다움으로 승화시켰다. 이를 두고 작가는 지독한 슬픔에는 소리마저 소거되니 이를 두고 절창이라 할 것이라 말한다. 지극한 마음의 소리를 넘어서는 음이 또 있겠는가. 슬픔과 애달픈 마음에 잠긴 파녀의 아픔에 감정이입이 된다는 것은 그의 정서 상태와 공유되는 무엇이 있어서일 것이다. 하여 그는 "버림받은 한 여자의 슬픔을" 보며, "몇 번 되풀이해 읽다보면 눈시울이 붉어진다."고 한다. 이처럼 수필가 장기오의 ≪바람 되어 가리라≫에는 눈물 혹은 울음의 정서상태가 드러난 작품이 간간이 등장하는데, 이는 그의 마음 어느 곳에 깃들어 있는 슬픔이라는 정서가 섬세하게 표출된 것으로 본다.

두 번째 서사는, 시골에 혼자 살고 있는 작가는 사람이 못 견디게 그리울 땐 귀에서 휘파람 소리가 난다는 서술이다. 외로움이 사람을 얼마나 힘들게 하는지를 짐작하게 하는 부분이다. 그럴 때는 자신을 견디는 방법으로 추사의 〈세한도〉를 본다. 〈세한도〉를 통해 추사의 고독과 허무를 자신에게 전이시키며 마음의 평정을 되찾는다. 추사와 장기오의 고독은 그 질량이나 총량에서 다르지만, 인간의 고독이라는 보편적 상태에서는 닮아있기에 추사에게 자신을 투사하며 위안을 받는 것이다. 추사는 유배지에서 홀로 극한의 고독 상태에서도 그 허무함을 예술로 승화시키고 있지만, 장기오는 스스로 택한 외로움을 이기지 못해 외롭다고 말하고 있으니, 그는 그러한 점을 인식하는바, 추사 앞에서 부끄러워지는 것이다.

세 번째는 TV에서 본 고아에 대한 이야기다. 3세 때 고아원에 맡겨졌다가 5세 때 폭력을 견디지 못해 고아원을 도망쳐 나온 한 청년이 부르는 노래를 듣다가 작가는 그만 울어버린다. 다섯 살의 아이가 “유리걸식하며 떠도는” 모습을 생각하니 울음이 멈춰지지 않는다. 다섯 살 때 작가도 혼자였기 때문이다. 6 · 25때

아버지를 잃고 어머니가 행상으로 집안을 꾸려가고 있을 때였다. 노래를 부른 청년과 맞닿은 작가의 투사는, 혼자 남아 엄마를 기다리는 아이라는 공통분모 때문이었다. 서정주 시인 또한 "고독한 자의 맛에 길든 건 다섯 살 때부터"라고 했다. 고독의 느낌을 시인답게 객관적 상관물을 통해 "맨 처음으로 어느 빠지기 싫은 바닷물에 나를 끄집어들이듯 이끌고 갔다."고 이미지화한다. 어린 그들은 모두 순수한 아이인 만큼, 고독이라는 감정은 인간의 심연에 깊이 새겨지고 일생 동안 영향을 미치게 된다.

고독을 좋아하지 않는 사람은 가벼운 고독조차 허용하기 두려워 자신을 대중 속에 드러내놓고 산다. 반면 장기오는 스스로 자신을 고독한 환경에 유배시킨다. 그것은 존재에 대한 성찰보다는 대중 속에 드러난 현상적 모습만 좇아가는 삶을 추종하지 않기 때문이다. 어쨌거나 〈넬라 판타지아(Nella Fantasia)〉를 부른 청년과 작가 장기오의 교집합은 슬픔과 외로움이었다. 즉 작가의 내면에 웅크리고 있는, 아직 위로받지 못한 유년의 아픔이 그를 울게 한 것이다.

네 번째의 서사는 영화 〈마이웨이(My way)〉의 주인공과 작가가 그 삶에 있어서 비슷한 면을 가졌다는 점이다. 마라토너인 주인공은 젊었을 땐 최고의 실력자였지만 나이 든 현재는 마지막 주자로 들어온다. 그 장면에 끼워 넣은 음악이 그에게는 극적으로 다가와 "생의 끝자락에서 듣는 그 절묘한 음악은 가슴을 서늘하게 한다."고 말한다. 지금의 그의 처지와 비슷해서 노래방에 가면 이 노래를 부른다. 젊었을 땐 방송국에서 타인의 주목을 받던 그와 대중의 환호를 받으며 1등으로 들어오던 영화의 주인공은 여러 가지 면에서 동일시되는 면이 있기 때문에 작가 장기오의 가슴이 서늘해지는 것이다.

마지막 다섯 번째는 박인환의 시 〈목마와 숙녀〉다. 그가 청춘의 시절을 보내며 그때의 정서에 부응했던 이 시는 가수 박인희가 불러 대중적으로 공유되었다. 이 노래를 들으면 "봄날의 안개가 깔리듯 가슴 밑바닥에 우울이 번지면서 알 수 없는 설움과 외로움이 강물이 되어 끝내는 목이 멘다. 이 또한 나를 못 견디게 한다."는 고백은 장기오가 지닌 원초적인 감성을 충분히 이해하게 한다. 작품 〈나를 못 견디게 하는 것들〉을 관통하는 정서는 모두 약자에 대한 애처로운 눈길이면서 그를 통해 투사되는 삶에 대한 비애스러움과 외로움, 그리고 허무감이다. 그것은 작가 장기오의 문학적 정서이며, 그가 삶을 바라보는 정서이기도 하다. 이러한 감성과 삶의 철학 안에는 그가 태어날 때부터 가지고 있는 것과 살아온 과정에서 생긴 것이 상호작용하면서 작가의 문학적 세계를 드러내게 했을 것이다.

작품을 통해 보면, 그는 왜 그리도 세상의 바람을 비껴가지 않고 정면승부를 하려 했는지, 때로는 거부하고, 때로는 약간의 타협을 거쳐 자신의 의지를 관철시켰는지 해석이 가능했다. 이상하게도 그는 "나는 이런 사람이요."라며 자신이 가진 전부를 내보이는데 오히려 그 솔직함으로 상대의 마음을 얻는다. 그뿐만 아니라 그의 작품들을 보면, 자신을 내려놓으며 오히려 자신을 지키는 아이러니한 효과를 낳는다. 그러한 이유들로, 작가는 작품으로 존재해야 하고, 평론 역시 작품 안에서 써야 좋은 글이 된다는 평소의 신념보다는 이 글에 대한 객관성과 진정성을 획득하기 위해서 작품과 작가와의 관련성에 대한 이야기를 먼저 서술하게 되었다. 그래야만 작품 속에서 존재감이 드러나길 기다리는 단어들이 지닌 의미와 행간에 실핏줄처럼 섬세하게 스며있는 내용이 연결 작용을 하고, 작가의 생을 건너온 체험들이 어떤 의미를 발현할 수 있을 것이라 본다.

3. 상실의 시간, 존재의 참을 찾아가는 과정

어쩌면 산다는 것은 나를 가두려 하는 것들과 갇히지 않으려는 것들의 싸움으로 점철되는 것이기도 하다. 그래서 인간은 편안하고 아늑한 공간인 집에 자신을 가두고 싶어 하면서도, 한편으로는 그곳을 떠나고 싶어 안달하는 모순적 존재이기도 하다. 작가 장기오는 이러저러한 세상의 남루함에서 비켜서고자 한적한 곳에 터를 잡고 살아가지만 존재라면 경험할 수밖에 없는 일상의 허허로움 앞에서 곧잘 눈물을 흘리거나(아내는 그 모습을 청승맞다고 싫어한다.) 지루하고 지루해서 더디 흐르는 시간의 지리멸렬함에 빠져든다. 이러한 노년의 솔직한 고백은 쓸쓸하게 다가오기도 하지만, 그럴 수밖에 없는 존재들에 대한 연민과 아픔을 생각하고 성찰하게 한다. 누구나 비켜갈 수 없는 노년의 삶이 주는 그러한 공허는 그만의 경험이 아니기 때문이다. 사실 문학은 사회적 범주보다는 개인의 심리에 저울추가 더 무겁게 얹어 있지만 시대적으로 변화하는 문화의 속성을 문학이라고 눈감을 수 없기에 함께 고민해야 할 것이다.

〈만년의 궁상〉에서 그는 사회적 구조 안에서 해야 할 일이 마무리되고 나자 아파트 생활에서 시골로 내려가 산다. 아내는 그 나름대로 자신의 일상을 사느라 남편과 대면하며 이야기를 나눌 겨를이 없다. 한 집에서 사나 타인과 같은 존재다. 보편적으로 남편과 아내는 한평생 평행선을 달리는 존재다. 그럴 때 우리는 곧잘 인간은 결국 홀로라고 절규하면서 존재에 대한 성찰을 하게 되는데, 그 역시 마찬가지다. 젊은 시절엔 밖에서 일만 하던 그가 트로이 전쟁에서 이긴 후 방랑하다 돌아온 오디세우스처럼 집으로 돌아왔으나 이제는 페넬로페인 아내가 밖으로 나간다. 세상의 무엇이 그리 만들었는지 그 이유가 많겠으나 작가 장기오 입장에서는 그나마 생의 도반마저 잃어버린 느낌이다(〈만년의 궁상〉. 그래서 그는 헛헛하게 사는 아파트 생활을 떠나 전원생활로 들어가지만 결국 생은 홀로라는 것을 깨닫고 다음의 시詩를 짓는다.

> 내가 시골에 온 지 6년째 접어들었다. 어지간히 달관의 경지에 왔을 만한데 아직도 쓸쓸하다. 처음에는 그런대로 위로慰勞 전화도 오고, 또 근황을 묻는 지인들이 안부를 물어오곤 했는데 이제는 일주일에 전화 한 통 없는 날이 태반이다.…… 손발을 씻고 저녁을 먹으려 식탁에 앉으면 저쪽 하늘 끝으로

저물어가는 황혼이 왜 그리 쓸쓸하고 슬픈지 기어이 소주병을 따고 만다. 한 병은 기별도 안 간다. ……

달관의 경지에 이르려면 아직은 멀었구나. 원해서 한 일이지만 쓸쓸한 건 그나저나 다 마찬가지다. 지난겨울, 창밖으로 쏟아지는 눈雪을 보고 있는데 갑자기 눈시울이 뜨거워졌다. 왠지 모르지만 유배지에 와 있다는 느낌이 들었다. 그때 시詩 한 수가 생각났다.……

山村降雪蕭 (산촌에 눈은 쓸쓸히 내리고)

寒燈落淚寥 (한등 아래 소리 죽여 우노라)

—〈만년의 궁상〉

시를 본 아내는 늙어가면서 궁상을 떤다는 돌직구를 날리고, 생의 쓸쓸함에 대해 조금도 위로받지 못하는 그는 혼자 탄식할 뿐이다. 도시의 생활에 염증을 느끼기도 하고, 노년의 생을 아름답게 보내고자 전원생활로 바꿔보았지만 그곳에서도 그가 꿈꾸는 일상은 이루어지지 않는다. 그렇다면 작가가 물었던 것처럼 달관의 경지는 어디서 가능할까? 매화꽃 피는 봄을 찾아 그리도 헤매었지만 끝내 찾지 못하고 집으로 돌아와 보니 봄은 자기 집 뜰 앞에 와 있더라는 선시처럼 봄은 결국 존재의 내면에 있는 것이다. 달관의 경지 또한 자신 안에서 찾아지는 것이니, 머무는 장소가 문제가 아니라 "처마에서 아이의 머릿니를 잡아주는" 아낙의 모습에서도 봄은, 평안은, 달관은 찾아진다. 그 역시 "마음이 편안하면 어디로 가든 얻지 못함이 없을 것이"라 말하고 있지 않은가. 유유자적, 달관의 삶은 모든 것을 포용하여 평안에 이르는 마음일 테니, 그 길을 그리워하며 추구해가는 작가의 존재론적 문학세계에 존경의 눈길을 보내지 않을 수 없는 작품이다.

4. 환幻과 실존 사이

인간이 살아가는 동안에는 누구나 기본적인 욕망을 가지고 있다. 그나마 없으면 최소한의 의식주를 이어가는 생도 어렵기 때문이다. 그러나 현대인에게는 의식하든 하지 않든, 생존을 위한 최소한의 욕망 이외에 자신의 영역을 넓히고 존재감을 갖기 위한 세밀한 욕망들이 눌러붙어 있다고 하겠다. 진정한 자유를 향한 삶은 억압이 없을 때 가능한데, 그런 면에서 마르쿠제는 생존을 위한 욕망은 억압할 필요가 있지만 사회문화적 지배를 위한 억압은 불필요하다고 본다. 이를테면 노동과 놀이는 구분되지 않아야 하며, 가부장제와 일부일처제는 철폐되어야 할 것으로 보는 것이다. 현대인이 노동의 스트레스에서 빠져나오지 못하는 것은 놀이처럼 자유롭게 즐기지 못하기 때문이며, 가부장제가 역사를 쌓아오는 동안 축적된 일부일처제에 대한 강박적 억압은 인간의 억압을 최고도로 올려놓은 것으로 볼 수 있다. 그러나 문명이라는 미명하에 마르쿠제가 말하는 사회는 야만으로 간주되고 만다. 문명 속에서 살아온 우리의 윤리는 그러한 자유를 받아들이기는커녕 이해하지도 못한다. 현대의 남성－여성들이(작가의 아내처럼) 아내－남편과 자식과 가정으로부터 자유로워지려는 일탈행위들은 그러한 속박에서 벗어나고자 하는 몸부림일 수 있다. 이를테면 나를 가두면 숨 막혀 살 수 없어 라는 …. 실존의 삶을 살아가면서 주체가 느끼는 어떤 모양의 외로움과 쓸쓸함이 있다면, 상대 또한 비슷할 것이기 때문이다.

같은 맥락에서 작가 장기오에게 존재하는 욕망은 어떤 무늬를 가질까. 현상적 측면에서 보면 그는 “언제나 깨어, 끊임없이 추구하는 성실한 연출자이면서 작가이고 싶”(〈머리말〉)었다 한다. 지금도 "길이 있어 가는 게 아니다. 가면 길이 될 것이라고 믿는" 작가이다. 그 정도면 현대를 사는 인간이 가질 수 있는 최소한의 욕망이지 않는가. 그럼에도 현실을 사는 인간이, 아직 무엇인가 할 수 있는 능력과 의지를 가진 존재가 최소한의 욕심조차 내려놓고 살아가고자 할 때 빠져드는 무력감과 그것에서 오는 허무는 상당하다. 따라서 작품의 인물에게 자신을 투사하는 독자라면 작가 장기오에게 향하는 연민과 애정을 떨쳐내지 못할 것이다. 그는 현실과 존재의 욕망 사이에서, 결국은 자유로운 달관의 세계를 지향하지만 그럼에도 찾아오는 고독과 허무 세례를 물리칠 수가 없다. 그 때문인지 작품 속에 자신을 몰입시켜 일했던 과거에서 소재를 끌어오고 그때의 기억에서 어떤 위안을 얻고자 하는 경우가 있다. 지금의 일상이 그렇듯, 생이 홀로임을 인정하면서도 어쩔 수 없이 빠져드는 외로움으로 그는 방황하지만 인간의 보편적 경험이라는 측면에서는 오히려 설득력을 갖는다. 모름지기 존재라면 모두 가질 수 있는 이중적 고민이기 때문이다.

수필집 ≪바람 되어 가리라≫의 세계를 관통하는 허무에 대한 이야기는 작가 장기오의 문학세계에서 결코 논외로 할 수 없는, 그의 문학의 징표로 작용하는 듯하다. 그의 허무는 본래적 성품에서 기인하는 것도 있고, 삶에서 오는 환멸로 인해 촉발되는 것의 두 가지의 유형으로 보인다. 〈외로울 때 꽃을 보라〉를 보면 그의 환경에서 오는 요인이 크고, 〈Gloomy Monday〉나 〈가출과 출가〉를 보면 타고난 기질에서 오는 것도 있기 때문이다.

〈외로울 때 꽃을 보라〉에서 그는 "중학교 때 입던 교복을 고등학교 졸업할 때까지 입어 마치 팔푼이처럼 보였고" "아버지 없는 가정에 열다섯 살이나 위인 형은 당연히 부모 노릇을 해야 하거늘, 형과 형수는 나를 아주 귀찮은 존재로 취급"했다. 시골 학교로 발령받은 형은 3개월이나 "생활비를 보내지 않아 학우들의 점심도시락을 훔쳐 먹어가며 거지처럼 연명하다 배고픔을 참지 못하고 결국은 휴학을 하고 시골로 내려갔고 또래들보다 2년이나 늦게 졸업했다." 그때의 고통과 회한이 얼마나 극심했으면 "달은 밝고 잠은 쉬 오지 않는 어느 날, 문득 잠이 깨어 뜻하지 않게 그런 생각들과 부딪칠라치면 나는 눈물을 참을 수가 없다. 70이 넘은 노인이 설움에 겨워 이불을 뒤집어쓰고 울다니 창피하기도 하지만 그 회한은 그리 쉽게 사그라지지가 않는다. 형은 나에게 결코 지워지지 않는 깊은 흉터 같은 거였다." 고 말한다. 크고 깊은 상실의 자리는 시간이 흘러도 쉬이 치유되지 않는다. 상처를 준 사람이, 혹은 누군가라도 충분히 위로해주고 당사자가 공감할 때 흉터는 모습을 숨긴다.

그러함에도 작가 장기오는 혼자로 보인다. 누군가 그의 이야기를 들어주고 위로와 애정을 가져줄 사람이 없다. 그런 장기오의 모습은 저마다의 쓸쓸함을 품고 방황하듯 살아야 하는 현대인의 자화상이다. 가족과 함께 살되 홀로일 때가 많고, 집이 있되 마음은 한없이 공허해서 허공을 떠도는 디아스포라의 상태. 그의 아내 또한 늘 외출 중이고, 〈Gloomy Monday〉에서는 "깡패처럼 마구 소리를 질러대고 덤비"거나 "면박을 주고 무안을" 준다. 〈외로울 때 꽃을 보라〉의 친구들 중에는 어렸을 때의 소년 장기오의 이미지를 지우지 못하고 함부로 대한다. 그를 방문한 친구는 "'꼴에 작가'라고 집필실까지 갖고 사는 모습이 가소롭다는 듯 면박을" 주기도 한다. 유년과 청년기의 삶이 준 상처는 물론, 그 모습을 기억하는 이들을 통해 그는 지금까지도 아픔과 맞대면해야 할 때가 있다. 그뿐만 아니라 "비굴하지 않았고, 불의와 타협하지도, 편법을 사용하지도 않았"으며, 열심히 살았는데, 능력이나 일의 성취와는 달리 그는 가까운 사람들로부터 따뜻한 격려와 인정을 받지 못했다.

마음의 통증은 그대로 놔둬도 치유될 듯 말 듯한데 사람들은 자꾸 후벼파 도지게 한다. 그는 때로 세상살이를 멀리하고자 하는데, 그것은 상처받지 않고자 함이며, 구차스럽고 싶지 않기 때문이기도 하다. 생은 홀로라고 하지만, 존재라면 살아가는 과정에서 소통과 공감으로 영혼을 숨 쉬게 하는 일도 필요하다. 그러한 경험의 이야기가 문학이지 않겠는가. 하나 장기오 작가의 은둔의 일상에서 파생하는 삶에 대한 허무는 그를 '고독이라는 병'에 이르게 한다. 밀려오는 고독을 이겨낼 힘이 없을 때, 영혼이 병들고, 그것은 육신의 병보다 더 지독한 것일 수 있다. 라틴어로 '영혼'과 '숨'은 어원이 같은데, 그렇게 보면 인간은 감정의 교감이 없으면 살아도 산 것 같지 않은 느낌일 것이다. 그렇다면 장기오의 글쓰기는 억압된 내면을 표현하는 유일한 탈출구, 즉 세상을 향한 최소한의 자기표현인 셈이다.

그래서인지 그는 "함이 없으니 하지 않는 것이 없다無爲而無不爲는 노자의 글귀를 되새기며 앞으로는 문을 닫고 조용히 앉아 있을 작정이다閉門靜坐." 비루한 현실 때문이든, 자신을 지켜가기 위한 방편이든, 그가 택한 것은 "늙은 소나무처럼 이끼 낀 바위처럼" 한곳에 정주하여 움직이지 않고 살아가겠다는 것이다. 문을 닫고 고요하게 앉아있는 것은 선禪에 든 모습일 테고, 하되 함이 없는 행은 도인의 행이니, 작가 장기오가 찾아들고자 하는 세계는 남루한 세간과의 부딪침에서 오는 허무를 지나 존재의 참모습을 찾는 일이다. 그는 타인과의 소통 대신 차라리 홀로 존재성을 찾아가는 쪽을 선택한 것이다.

그 과정에 있는 형태가 〈Gloomy Monday〉에서 드러나는 일상이다. "그냥 산다. 살았으니까 산다. 삶은 필요한 동안만 서로 어깨동무를 할 뿐, 결국은 그 어떤 인생도 모두가 개별적個別的이라는 생각"을 한다. 그에게 사는 일은 "전화 한 통화 없이, 찾는 사람 없이 비명을 지르며 황야를 건너는 기분"인 것이다. 그런 삶은 "지겹고 허망하"며, "허물어져가는 폐가廢家 같다는 생각을 지울 수 없"게 한다. 홀로 그런 시간을 지나노라면 "까마득하게 잊고 지냈던 외롭고 고단했던 지난 삶의 한 순간들이 바로 어제 일처럼 생생하게 기억된다." "거친 세상을 떠돌며 어지간한 고생도 독한 마음으로 이겨냈건만 이제 와서 어쩌자고 눈물이 나는 걸까." 그래서 그는 "인생은 고해"라는 부처님 말씀

이 진리임을 수긍하기에 이른다.

사람은 각자가 추구하는 생의 방향이 있다. 누구는 시답잖은 수다로 하루를 보내도 그 생이 재미있을 수 있고, 누구는 통속적 삶에 환멸을 느껴 문 닫아걸고 생의 본질을 곱새기며 사는 이도 있다. 나이만큼의 시간의 강을 건너는 동안 이미 환을 체득해버린 이들은 존재의 참모습에 눈을 떠 그 길을 찾아가고자 할 것이다. 마찬가지로 그가 택한 외로움은 스스로의 생을 직조하기 위해 선택한 길이고, 그는 자신의 속내를 누구에게도 말하지 못하고 수필이라는 길 위에 새기며 생을 건너가고 있다.

〈가출과 출가〉는 세속에서 누릴 것 다 누린 한 언론사의 사장이 은퇴 후 출가를 한 이야기로 시작한다. 그는 "속세에 있으나 산중에 있으나 매양 같을 텐데 구태여 깊은 산중에 들어가 면벽하고 좌선해야만 집 나간 소牛를 찾을 수 있다는" 것인지 의구심을 갖는다. 그러나 집 나간 소를 찾는 것만으로는 현상으로 이루어진 이 세계에 대한 허무를 해결할 수 없다. 그는 우리네 삶이 환의 세계라는 것을 너무도 절신하게 깨달아 자신의 존재를 알기 위해 출가했을 것이다. 모든 것을 다 가져본 자만이 알 수 있는 마음의 상태다. 혹은 모든 것을 다 잃어보았을 때

비로소 그런 용기가 생길 것이다. 그 또한 군대를 제대하고 형네 집에 얹혀살며 무엇을 해야 할지 막막하게 보내던 시절, 늦잠 자는 형수를 두고 혼자 "부엌을 뒤져 부뚜막에 앉아 꾸역꾸역 밥을 먹으면서 치욕恥辱이란 이런 거구나."라는 생각을 했던 적이 있다. 지금이야 얼마든지 있을 수 있는 일이지만, 당시의 환경을 생각하면 그가 치욕을 느꼈다는 생각을 충분히 짐작할 수 있다. 형네 집이라지만 얹혀살면서 밥도 차려주지 않는 형수의 냉대와 무관심 속에서 그는 존재에 대한 비루함과 함께 절망과 허무를 몸서리치게 느꼈을 것이다. 그 경험은 그에게 큰 자극이 되어 절에 사는 친구를 찾아 나서게 한다.

> 가을이 한창일 때였다. 비구니만 수양을 한다는 본本절은 사람의 그림자는커녕 귀가 쨍할 정도로 정적靜寂이고 입구에 있는 수백 년 된 은행나무는 바람이 불 때마다 나뭇잎 사이로 역광의 아름다운 빛을 쏟아내며 절 마당에 어지럽게 그림자를 만들어 내고 있었다. 나는 그 적막을 바라보았다. 아름다움이란 반드시 예쁜 것만이 아니구나, 쓸쓸한 것도, 적막한 것도 눈물겹게 아름다운 거구나. 인기척을 내보았지만 누구 하나

문 열고 어찌 왔느냐고 묻지도 않았다. 아무것도 없구나. 누구도 나를 위해, 어떻게 왔느냐고 묻지도 않는구나. 그가 있다는 암자 역시 너무나 조용해 감히 누굴 부를 엄두가 나질 않았다. 대웅전 앞에서 합장으로 부처님께 인사를 드리고는 그냥 내처 계단에 앉아 있었다. 산은 어둑어둑하고 계곡을 훑고 가는 바람소리, 골짜기를 타고 내리는 물소리, 고뇌 같기도 하고 무심하기도 한 독경 소리가 꿈결처럼 멀었다.

—〈가출과 출가〉

그는 아직 인생을 충분히 살아보지 않은 청년임에도 "쓸쓸한 것도 적막한 것도 눈물겹게 아름다운" 것임을 알고 있다. 그렇다면 그는 생래적으로 고독이 주는 아름다움을 알고 있는 사람이다. 그래서 적막한 공간을 만날 때마다 그곳에 매료되곤 한다. 사실 따뜻하고 아름다운 대상에서 느끼는 아름다움보다 쓸쓸하고 외로운 대상에서 느끼는 아름다움이 더 강렬하다. 아리스토텔레스가 희극보다는 비극에서 미학을 찾았던 것도 같은 이유이다. 저 고즈넉한 산사에서 그는 다시 현실로 돌아온다. 절이라는 장소와 풍경이 주는 적막 속을 유영하는 것은 순간이지만 그곳에 와 있는 자신의 존재를 느끼고 생각하는 것은 훨씬 현실적이기 때문이다. 그는 핍진한 현실을 견디는 방식으로, 어느 곳에서든 자신을 반겨줄 이가 있을 거라는 기대를 하고 있었던 듯하다. 그러나 세상은 그를 반기지 않았다. 어느 곳에서도, 심지어는 절집에서도 그를 반기는 사람은 없었다. 생은 홀로임을 느낀 자의 절규 같은, 쉽고 설은 마음이 전해지는 듯하다. 다른 에피소드에서 그 역시 "살아있는 모든 것들은 결국 혼자라는 사실을 깨달았다."고 말하고 있잖은가.

친구를 만나 열흘 정도 지내다가 절에 있겠느냐고 묻는 스님의 말씀을 거부하고 그는 속세로 내려온다. 그의 심중을 안 스님은 "넘어지는 것을 두려워하지 마라. 크게 넘어지면 크게 쏟아낼 것이다. 그게 업이다."라는 죽비 같은 말을 해준다. 아마 그가 어떤 사람인지를 알아본 큰스님이었던 모양이다. 그는 산을 내려오면서 수면제를 다 버리고 비로소 삶을 찾아 서울로 올라왔다. 그는 이를 두고 '출가'라고 우기는데, 충분히 그래도 된다. 절에 있는 동안 친구 밥을 먹으면서 그는 현실과 유리된 자신을 보았고, 쓸쓸함이 아름답다는 것을 알 만큼 존재가 성숙했으니 그것이 생의 전환점, 즉 한 존재가 자신의 생을 다시 시작하는 계기로 삼는 '출가'라고 해도 마땅하지 않겠는가. 새로운 사람으로 재탄생하는 시간이었으니.

5. 마치며, 덧붙이는 생각들

니체는 "오랫동안 심연을 들여다볼 때 심연 역시 그대를 들여다본다.'(〈선악을 넘어서〉)라고 한다. 존재가 자신의 마음으로 깊이 들어갈수록 심연에 웅크리고 있는 현존과는 다른 내가 있음을 알 수 있다. 작가 장기오에게 찾아오는 비애의식은 심연에 가라앉은 상처를 미처 다독여주지 못해 생긴 것도 있다. 존재라면 누구나 다 가지고 있듯, 어떤 것은 단정하고 매끈하지만 어떤 상처는 톱날처럼 뾰족하고 거칠다. 어떤 것은 암흑이고, 무지개처럼 화려한 것도 있다. 그러나 장기오에게 남아있는 흔적은 여전히 어둡고 쓸쓸한 것들이다. 그러한 비애의식은 일종의 불모성과 관련이 있다. 앞에서 언급한 것처럼, 작가가 지향하는 세계로 진입할 수 없는 데서 오는 비애의식은 작가 앞에 있는 현실의 불모성에서 기인한다. 환경적 요인이든 작가의 의식의 문제이든, 뿌리 내리기 힘든 불모지의 현실은 작가에게 비애감을 유발할 수밖에 없다. 그의 작품들에 유독 과거의 소재와 이야기가 많이 등장하는 원인도 그 이유에서 찾을 수 있다. 그래서인지 그는 현재의 삶에 만족하기보다는 〈생애 최초의 특종〉, 〈어느 PD의 죽음〉, 〈나의 데뷔작〉, 〈그리고 아무 말도 하지 않았다〉, 〈TV문학관은 이렇게 시작되었다〉 등 그의 삶에서 전성기를 이뤄가거나 이뤘을 때의 이야기를 하며 그때의 감동을 되새기는 편을 택한다. 그는 지나간 시간 속에서 그나마 기쁨의 잔해를 줍고 작은 위안을 찾는 것이다.

그가 실존과 존재론 사이에서 권태의 시간에 빠져들 수밖에 없고, 존재의 쓸쓸함이 몰려들어 어떻게 하지 못하는 숙명과 맞대면 할 때가 많은 이유가 있다. 자신이 처한 현실에서 이미 환幻을 본 사람은 세상사에 심드렁해져 일상이 권태로울 수밖에 없다. 그것을 초월하려면 석가헌夕佳軒의 주인처럼 달관의 경지에 드는 수밖에 없다. 그때에는 개인사는 물론, 6·25를 지나 한국사에서 어둡고 지난한 시대를 지나온(〈바람 되어 가리라〉) 그가 "힘들게 살아온 어두운 과거에 더 이상 가위 눌리지 않"게 될 것이며(〈머리말〉), "이연실이 부르는 〈찔레꽃〉을" 들으며 술이라도 마셔야 견딜 수 있는 쓸쓸함(〈쇼팽과 참새〉)에서 벗어날 수 있지 않겠는가. 그렇게 되면 "죽는 일보다 더 어려운 것은 살아있는 것이라는 생각에 간단없이 우울해"(〈아침의 외출〉)하지 않아도 될 터이다. 그때에 비로소 가혹한 현실 속에 처한 실존적 고독이 '창조와 소통의 숭고한 조건'이 되어준다는 바우만의 말에 고개를 끄덕여 줄 수 있지 않을까.

사실, ≪바람 되어 가리라≫의 작품 모두를 언급하기는 어려운 일이다. 다만 독자들이 이 수필집을 읽어 가는 데 도움이 되도록 설명을 덧붙였을 뿐이다. 어떤 잣대로 마름질하든, 문학이란 개별적인 하나의 주관을 보편적으로 객관화하는 예술양식이다. 그것은 결국 독자로 하여금 공감하고 함께 보게 하는 작품이야말로 의미와 감동을 생산하는 작품이라는 것이다. 그런 면에서 작가 장기오의 수필은 어느 것에 성공하고 어느 지점에 서 있는지 독자는 이미 알고 있을 것이다.

장기오 수필집

바람 되어 가리라

인쇄 2019년 2월 20일
발행 2019년 2월 22일

지은이 장기오
발행인 서정환
펴낸곳 수필과비평사
주소 서울시 종로구 삼일대로 32길 36(익선동 30-6 운현신화타워 빌딩) 305호
전화 (02) 3675-3885, (063) 275-4000 · 0484
팩스 (063) 274-3131
이메일 sina321@hanmail.net essay321@hanmail.net
출판등록 제300-2013-133호
인쇄 · 제본 신아출판사

ISBN 979-11-5933-211-1 03810

값 13,000원

이 도서의 국립중앙도서관 출판예정도서목록(CIP)은 서지정보유통지원시스템 홈페이지(http://seoji.nl.go.kr)와 국가자료공동목록시스템(http://www.nl.go.kr/kolisnet)에서 이용하실 수 있습니다.(CIP제어번호: CIP2019005866)

Printed in KOREA